つぶつぶ雑穀
サラダ

メインディッシュにもなる
簡単ナチュラルレシピ

大谷ゆみこ

学陽書房

はじめに

とろ〜り、プチプチ、バラリ、キュッ……
ほんわか炊いた、雑穀それぞれの個性的な食感とやさしいうま味を活かして作る、新鮮なおいしさのつぶつぶサラダ＆ドレッシングのレシピをご紹介します。

旬の野菜を生で、蒸して、焼いて、煮て、炊いた雑穀とそのまま和えたり、つぶつぶ流ドレッシングと合わせるだけで、ボリューム感とコクのある、多彩なオリジナルサラダが楽しめます。

主食にも、メインディッシュにも、ちょっとしたおかずにも、また軽食やおやつにもなるつぶつぶ流のサラダは、冷え性の改善にも効果が期待でき、体を内側から活性化するユニークでパワフルなサラダです。

CONTENTS

- 2 　はじめに
- 6 　つぶつぶサラダの主役は個性的な雑穀たち！
- 8 　簡単！つぶつぶ流 ごはんと一緒に炊ける雑穀1/2カップの基本の炊き方
- 10　つぶつぶ流 7種のドレッシングベース

Recipes 1　卵感覚
もちキビドレッシングで楽しむサラダ

- 14　ゆでたてインゲンの
　　 もちキビレモンドレッシングサラダ
- 16　ゆで白菜のもちキビ味噌ドレッシングサラダ
- 17　レンコンと大根と黒豆の
　　 もちキビ梅酢ドレッシングサラダ
- 18　大根千枚漬けとニンジンのもちキビサラダ

Recipes 2　マヨネーズ感覚
ヒエ粉のクリームドレッシングで楽しむサラダ

- 20　スライストマトとヒエ粉マヨネーズのサラダ
- 22　キノコのソテーとベビーリーフのレモン風味サラダ
- 23　乱切りキュウリとホタテ風エリンギの
　　 ニンニクレモンサラダ
- 24　蒸しナスとジャガイモのサイコロサラダ

Recipes 3　たらこ感覚
アマランサスドレッシングで楽しむサラダ

- 26　ちぎりレタスとキュウリのアマランサスサラダ
- 28　リボン野菜のアマランサスドレッシングサラダ
- 29　マッシュポテトとリンゴのアマランサスサラダ
- 30　メカブとろろとニンジンとイカ風エリンギの
　　 アマランサス松前漬け風サラダ

Recipes 4　チーズ感覚
もちアワドレッシングで楽しむサラダ

- 32　焼きパプリカのステーキサラダ
- 34　キャベツとグレープフルーツのサラダ
- 35　揚げ野菜のもちアワキュウリドレッシングサラダ
- 36　焼き野菜の
　　 ニラ風味もちアワ中華ドレッシングサラダ

Recipes 5　カッテージチーズ感覚
ヒエドレッシングで楽しむサラダ

- 38　たくあんとフノリの
　　 ヒエレモンドレッシングサラダ
- 40　味噌風味のヒエドレッシングで楽しむ
　　 ユズゴボウ入りサラダ
- 41　薄切りジャガイモとヒエの和風サラダ
- 42　千切りキャベツのヒエレモンドレッシングサラダ

Recipes 6　食感を味わう
高キビ、ハトムギ、押し麦、粒ソバ、黒米、
ワイルドライスのドレッシングで楽しむサラダ

- 44　ゴボウとインゲンの高キビトマトサラダ
- 46　ハトムギのごまクリームサラダ
- 47　押し麦と野菜のくずクリームサラダ
- 48　生白菜と粒ソバと焼き油揚げの和風サラダ
- 50　蒸し大根の黒米入り豆腐クルミクリーム和え
- 51　３種のつぶつぶディップサラダ
- 52　豆腐と白キクラゲの高キビトマソースサラダ

Recipes 7　キャビア感覚
キヌア、うるちアワのドレッシングで楽しむサラダ

- 54　ニンジン花チップスが映える
キヌアドレッシングサラダ
- 56　ブロッコリーとうるちアワの和風ミモザサラダ
- 57　リボンキャベツと梨のキヌアドレッシングサラダ
- 58　うるちアワと小豆のサラダ
- 59　カブとキヌアの丸ごと蒸しサラダ
- 60　Column 1　ユニーク和え衣

Recipes 8　応用編①
ごちそうサラダ

- 62　つぶつぶ流ピンチョス①　巻き巻きサラダ編
- 64　つぶつぶ流ピンチョス②　カナッペ編
- 66　ヒエ粉のテリーヌ
- 68　キヌアのクリスタルジュレ
- 70　Column 2　ユニークトッピング

Recipes 9　応用編②
スイーツサラダ

- 72　柿のヒエ梅酢ドレッシングサラダ
- 73　みかん煮スイートポテトと黒米のサラダ
- 74　バナナとレーズンと
もちアワレモンドレッシングのサラダ
- 75　サツマイモと金時豆とリンゴの
ボンセンクリームサラダ
- 76　Column 3
保存料理術で野菜たっぷりのサラダを毎日楽しむ

Recipes 10　応用編③
残ったサラダの活用術

- 78　つぶつぶサラダチャーハン
- 79　つぶつぶサラダリゾット
- 80　つぶつぶサラダパイ3種
- 82　つぶつぶサラダチヂミ
- 83　つぶつぶサラダスープ
- 84　Column 4
ヘルシー度アップの乾物と豆のトッピング

- 86　おわりに

●本書で使用している計量の単位
1カップ……200cc　1合……180cc　大さじ1……15cc　小さじ1……5cc
・レシピの分量は、とくに表示のない場合、すべて**約2〜3人分**です。
・本書レシピ中で「植物油」および「油」とあるのは、すべて**菜種油7：ごま油3**の割合で混ぜたもののことです。

つぶつぶサラダの主役は
個性的な雑穀たち!

鍋で簡単に炊ける雑穀①

ヒエ

脂肪分が多く、ふんわりとした食感のミルキーなつぶつぶ
(鍋で炊く方法：P38)

もちアワ

もちもちとろ〜り、チーズのような食感とコクのつぶつぶ
(鍋で炊く方法：P32)

うるちアワ

ややかためのプチプチ感がある、鶏そぼろ感覚のつぶつぶ
(鍋で炊く方法：P56)

もちキビ

ふんわりもちっとした卵風味のうま味とコクが楽しいつぶつぶ
(鍋で炊く方法：P14)

キヌア

透明感のある黄金色がさわやかな、さらりとした食感のつぶつぶ
(鍋で炊く方法：P54)

鍋で簡単に炊ける雑穀②

アマランサス

たらこのようなプチプチとした歯ごたえが楽しめるつぶつぶ
(鍋で炊く方法：P26)
＊多めの水加減で時間をかけてもっちり炊くのがポイント

押し麦

米より粒が大きく弾力があり、パスタ感覚で楽しめるつぶつぶ
(鍋で炊く方法：P47)

粒ソバ

脂肪とたんぱく質が多く、ほろりとした三角形のつぶつぶ
(鍋で炊く方法：P48)

雑穀はそれぞれ個性的な味と食感をもっています。
8〜9ページでご紹介する、メインのごはんを炊くついでに一緒に炊飯器で炊く方法なら、アマランサス、ヒエ粉、ラギ粉以外は、みんな同じように炊けます。
鍋で炊く場合の炊き方は、簡単に炊ける雑穀の2つのグループと、かたいので一工夫がいるグループの3つに分かれます。
また、雑穀粉は煮て、おいしいクリームやペーストが作れます。

鍋で煮てクリーミーさを楽しむ雑穀粉

ヒエ粉

脂肪が多く、コクのあるおいしい粉で、卵なしのマヨネーズが作れる（P20）

ラギ粉

シコクビエの粉で、煮えやすくコクがあり、パテなどが作れる（P51）

かたいので炊き方に一工夫がいる雑穀

高キビ

キュッとした歯ごたえのある、赤茶色で米粒大のつぶつぶ
（鍋で炊く方法：P44）

ハトムギ

雑穀の中では一番大きいお団子のような食感のつぶつぶ
（鍋で炊く方法：P46 → P44）

黒米

香りと歯ごたえのある、おいしいもちもち玄米で濃い紫色
（鍋で炊く方法：P50）

ワイルドライス

独特の香りと味がクセになる、焦げ茶色の細長いつぶつぶ
（鍋で炊く方法：P51の作り方1）
＊炊きたても時間をおいたものもおいしい。

簡単！つぶつぶ流
ごはんと一緒に炊ける雑穀1/2カップの基本の炊き方

つぶつぶサラダが手軽に作れる

用意するもの

いつもの水加減、塩加減で米や雑穀を合わせたもの（白米だけでもOK）

＊5合炊きの炊飯器なら3合、3合炊きの炊飯器なら2合が目安

好みの雑穀 1/2 カップ

雑穀を入れる湯飲みまたはタンブラーなど

＊樹脂のものや化学釉薬のかかっていない土を焼き締めた素焼きのものがベスト

水 1/2 カップ弱

自然海塩小さじ 1/8

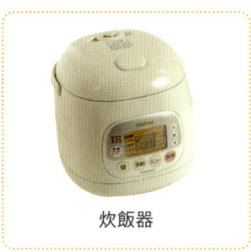

炊飯器

炊き方

① いつもの水加減、塩加減で米や雑穀を合わせたもの（白米だけでもOK）を炊飯器にセットする。
② 好みの雑穀は洗って目の細かいザルにあげ、水をきる。
③ ②を素焼きの湯飲み（またはタンブラーなど）に入れて、水 1/2 カップ弱と塩小さじ 1/8 を加える。
④ 炊飯器にセットした①の中央に、③の湯飲み（またはタンブラーなど）を埋めるようにして入れ込む。このとき、湯飲みの底になるべくお米が入り込まないように、ぐっと押し分けるように入れるのがポイント。
⑤ ④を通常の設定で炊く。
⑥ ごはんと雑穀が炊きあがったら、雑穀の入った湯飲み（またはタンブラーなど）を取り出す。このとき湯飲み（またはタンブラーなど）がとても熱くなっているので、注意する。ごはんはしゃもじで下から上に返すように大きくさっくり混ぜ、風を入れる。湯飲みの雑穀もスプーンなどを使ってひと混ぜし、風を入れる。

つぶつぶ流雑穀サラダが、簡単にササッと作れてしまう、少量の雑穀の炊き方です。
いつものごはんと一緒に炊飯器で炊けてしまう、うれしい省エネ・省時間クッキング。
もちろん、たくさんの量を鍋で炊いて、
雑穀おかずなどのレシピと合わせながらいろいろ楽しむこともおすすめですが、
忙しいときでも、雑穀の栄養とうま味がたっぷり詰まったつぶつぶサラダ&ドレッシングが
あっという間に手軽に作れてしまう、とても便利な方法です。

炊いた雑穀の保存法と簡単でおいしい蒸し方

保存法
バットで
冷まして保存

・炊きあがり、スプーンなどでひと混ぜして風を入れた雑穀は、バットなどに小分けにして、冷ます。
・残ったものや、すぐに使わない場合は、バットにラップなどをかけて冷蔵庫で保存する（1週間ほど保存可能）。
・長期で保存したい場合は、クッキングペーパーなどに包み入れ、密閉ポリ袋などに入れて、冷凍する。

蒸し方①

保温中の炊飯器に入れて蒸す

ごはんが炊けて保温中になっている炊飯器に、クッキングペーパーに包んだ雑穀を入れて、10分以上蒸す。

蒸し方②

小鍋にザルを入れた即席蒸し器で蒸す

鍋底から1.5cmくらいの高さまで水を入れた小鍋に、ザルを入れてフタをし、蒸気が上がったら、クッキングペーパーを広げて5分ほど蒸す。
＊ザルはステンレス製の柄付きのもので、小鍋に入れた水にザルの底がつかないくらいのサイズがベストです。

つぶつぶ流 7種のドレッシングベース

基本調味料を混ぜるだけで作れるつぶつぶ流7種のドレッシングベースを紹介します。

ヒエ粉、ラギ粉のレシピ以外は、このドレッシングベースに炊いた雑穀を混ぜて、そのまま食卓に！

ドレッシングベースのどれもが、どの雑穀でも合うので、おいしさのバリエーションは無限です。

本書レシピのほかに、オリジナルレシピをいろいろ生み出して、思いきり楽しんでみてください。

レモンドレッシング

レモンの搾り汁と菜種油と自然塩を混ぜて作る、さわやかなドレッシング

材料（1単位）

 菜種油…大さじ4

＋

 レモンの搾り汁…大さじ2

＋

 自然塩…小さじ1

作り方
すべての材料を合わせて、よく混ぜる。

＊レモンの搾り汁のかわりにユズの搾り汁でもおいしく作れて、おすすめです。

梅酢ドレッシング

梅酢と菜種油を混ぜるだけの、キリッとした酸味と塩味のバランスのとれたドレッシング

材料（1単位）

 菜種油…大さじ4

＋

 梅酢…大さじ2

作り方
菜種油と梅酢を合わせて、よく混ぜる。

＊梅酢の塩の濃さは、メーカーなどによって異なるので、適宜、味をみながら調整してください。

和風ドレッシング

プチプチエゴマのカツオ節のような風味が利いた、
さっぱりおいしいドレッシング

材料（1単位）

 ＋  ＋  ＋  ＋

しょう油…大さじ1 　　梅酢…大さじ2　　酒…大さじ2　　ごま油…大さじ2　　エゴマ…
　　　　　　　　　　　　　　　　　　　　　　　　　　　　　　　　　　　大さじ山1（10g）

作り方
① エゴマは片手鍋に入れ、ゆすりながらパチパチ音が聞こえてくるまで煎って、すり鉢でよくする。
② しょう油、梅酢、酒を順に入れて混ぜ、ごま油を合わせてよく混ぜ、①のエゴマを加えてさらに混ぜる。
＊ エゴマのかわりにごまでもおいしく作れて、おすすめです。
＊ 梅酢の塩の濃さは、メーカーなどによって異なるので、適宜、味をみながら調整してください。

味噌ドレッシング

水で割っただけとは信じられない、
パンチの利いたコクのあるおいしいドレッシング

材料（1単位）

 ＋

麦味噌…大さじ1　　水…大さじ1

作り方
麦味噌に水を加えて、よく混ぜる。
＊ 熟成した麦味噌を選ぶのが、おいしさのポイントです。

ごまドレッシング
食材にとろりとごまの風味がからむ、クリームタイプのしょう油味ドレッシング

材料（1単位）

白ごまペースト…大さじ山2（40g）　＋　しょう油…大さじ2　＋　水…大さじ1

作り方
① 白ごまペーストとしょう油をよく混ぜる。
② ①に水を少しずつ加えて、よく混ぜる。
＊ しょう油と水を同時に加えて混ぜると、分離してしまうので注意しましょう！

くずドレッシング
のどや胃腸の粘膜をやさしく包んでととのえてくれる、とろりと透明なドレッシング

材料（1単位）

くず粉…5g　＋　水…1/2カップ　＋　自然塩…小さじ1/4

作り方
① 鍋にすべての材料を入れ、くず粉を溶かす。
② かき混ぜながら強火にかけて、とろみがついて透明になるまでよく練り続ける。
＊ 時間がたって、くずドレッシングがかたくなってしまったら、蒸し器で3〜5分、透明になるまで蒸して使います。

ニラ風味中華ドレッシング
いつものおかずが本格中華味に！　作り置きができるので、とっても便利なドレッシング

材料（1単位）

しょう油…大さじ3　＋　梅酢…大さじ1　＋　ごま油…小さじ2　＋　ニラ…25g

作り方
① ニラをみじん切りにする。
② 保存容器などにしょう油、梅酢、ごま油を入れて、さらに①のニラも入れてよく混ぜる。
＊ 作りたても、時間をおいたものもおいしいです。

卵感覚　もちキビドレッシングで楽しむサラダ

Recipes

1

つぶふわ感がうれしい
炒り卵みたいなドレッシングと
野菜のコンビネーション

ビビッドな黄色のふんわりドレッシングに緑色が映える

ゆでたてインゲンの もちキビレモンドレッシングサラダ

材料
もちキビレモンドレッシング＊……1/4量（30g）
インゲン……80g

作り方
1 インゲンは筋をとり、塩少々（分量外）を加えた熱湯で3分ゆでてザルにあげ、粗熱をとる。
2 1のインゲンを器に盛り、もちキビレモンドレッシングをかける。

＊もちキビレモンドレッシング

材料（できあがりの量＝約120g）
レモンドレッシング(P10)……1単位
炊いたもちキビ＊……60g

作り方
1 レモンドレッシングはレモンの搾り汁と油がなじむようによく混ぜる。
2 炊いたもちキビがあたたかいうちに、ほぐすように1に混ぜ合わせる。

＊もちキビ・基本の炊き方

材料（炊きあがりの量＝約360g）
もちキビ……1カップ
水……1と1/2カップ
自然塩……小さじ1/4

1 もちキビは洗って目の細かいザルにあげ、水をきる。
2 鍋に分量の水を入れて火にかけ、沸騰したら塩と1のもちキビを入れ、木べらでよく混ぜながら強火で煮る。
3 もちキビが水を充分に吸って、木べらの跡がスジになって残るようになったら、フタをして弱火で15分炊く。
4 炊きあがったら火からおろして10分蒸らし、木べらでさっくり混ぜ、風を入れる。
＊ クッキングマットなどを使うと、均一な弱火になり、うまく炊けます。

葉と軸、シャッキリゆでた白菜の食感を引き立てる味噌ドレッシング

ゆで白菜の
もちキビ味噌ドレッシングサラダ

材料
炊いたもちキビ(P14)……30g
味噌ドレッシング(P11)……1単位
白菜の軸の部分……200g
白菜の葉先の部分……50g
生ワカメ……15g
ユズの皮……2g

作り方
1 白菜は葉と軸に分け、軸は4cmの長さ、1cm幅の棒状に切り、葉は一口大に切る。生ワカメは7mm幅くらいの細切りにする。
2 塩ひとつまみ(分量外)を入れた熱湯で1の白菜の軸の部分は2分、葉先の部分は30秒ゆでる。
3 炊いたもちキビがあたたかいうちに、ほぐすように味噌ドレッシングに混ぜ合わせる。
4 2の白菜と1の生ワカメを皿に盛り、3のドレッシングをかけて、ユズの皮の千切りを散らす。

2種類の透明感あるシャッキリ根菜の白に
黒豆の塩煮の紫がかわいい

レンコンと大根と黒豆の
もちキビ梅酢ドレッシングサラダ

材料
もちキビ梅酢ドレッシング＊……1/6量（20ｇ）
大根……100ｇ
梅酢煮レンコン(P76)……30ｇ
黒豆煮(P85)……10粒

作り方
1 大根は皮つきのまま5㎝の長さに切り、それをタテに置き、透き通るくらいの薄さに切る（四角形の大根スライスを作る）。氷水に5分つけて、ザルにあげ、ヒラヒラと透明な大根スライスを作る。
2 1の大根と薄い輪切りにした梅酢煮レンコンを混ぜ、もちキビ梅酢ドレッシングをかけて、黒豆煮をトッピングする。

＊もちキビ梅酢ドレッシング

材料（できあがりの量＝約120ｇ）
梅酢ドレッシング(P10)……1単位
炊いたもちキビ(P14)……60ｇ

作り方
1 梅酢ドレッシングは梅酢と油がなじむようによく混ぜる。
2 炊いたもちキビがあたたかいうちに、ほぐすように1に混ぜ合わせる。

白いサテンのドレスのような千枚漬けと
ふわふわドレッシングのハーモニー

大根千枚漬けとニンジンの もちキビサラダ

材料
もちキビレモンドレッシング(P14)……1/8量(15g)
梅酢煮ニンジン(P76)……30g

[大根の千枚漬け]
大根……100g
自然塩……小さじ2/5
昆布……2cm
ユズの搾り汁……小さじ1

作り方
1 大根は皮つきのまま透き通るくらいに薄く輪切りにする。
2 昆布は水につけてさっと戻し、繊維に対して直角になるように千切りにする。
3 1の大根に塩をまぶして2の昆布を混ぜ、水分が出るまでおく。
4 3で出た水分にユズの搾り汁を加え、そのまま漬け込み、重しをして半日以上おいて大根の千枚漬けを作る。
5 4の大根の千枚漬けと千切りの昆布、梅酢煮ニンジンを器に盛り、もちキビレモンドレッシングをかけていただく。

* 大根の千枚漬けは、漬けてから2〜3日目がとくにおいしいです。

マヨネーズ感覚
ヒエ粉のクリームドレッシングで楽しむサラダ

Recipes

2

くさみのないマヨネーズ感覚の
レモンクリームドレッシングと
野菜のコンビネーション

ヒエ粉とレモンがハモった、さわやかコックリの卵なしマヨネーズ

スライストマトと
ヒエ粉マヨネーズのサラダ

材料
ヒエ粉マヨネーズ*……適量
トマト……適量
バジル……適量

作り方
1 トマトを1cmの厚さにスライスして、器に並べる。
2 1に好みの量のヒエ粉マヨネーズをかけて、バジルを散らす。

*ヒエ粉マヨネーズ

材料（できあがりの量＝約200ｇ）
ヒエ粉……28ｇ
菜種油……大さじ2
水……1カップ
自然塩……小さじ1と1/2
レモンの搾り汁……大さじ2

作り方
1 鍋に菜種油を熱して、油があたたまったらヒエ粉を入れ、約1分間炒める。鍋の中のヒエ粉がブクブクとなり、ヒエ粉の香りがしてきたらOK。
2 一度火を止め、分量の水を一気に加えてよく混ぜ、ふたたび火にかけ、約2分間とろみがつくまで混ぜながら煮る。
3 2にとろみがつき、ツヤがでてきたら、塩を加え、さらに少し混ぜながら煮る。火からおろし、粗熱がとれたら、レモンの搾り汁を加えてよく混ぜる。

葉緑素たっぷりのフレッシュな葉っぱとキノコのソテーをヒエ粉マヨネーズで楽しむ

キノコのソテーとベビーリーフの
レモン風味サラダ

材料
ヒエ粉マヨネーズ(P20)……適量
ベビーリーフミックス(または好みのサラダ野菜ミックス)……30g
キュウリ……10g
エノキ……40g
シメジ……30g
梅酢煮ニンジン(P76)……25g
植物油……小さじ1
自然塩……小さじ1/6
割りしょう油
　しょう油……小さじ3
　水……小さじ2

作り方
1　エノキとシメジは石づきを取り、手でほぐす。キュウリは薄い輪切りにする。しょう油に分量の水を入れて、割りしょう油を作る。
2　フライパンに油を熱し、1のエノキとシメジを入れて、さっと炒めて塩をふる。さらに炒めて、しんなりとしてきたら、仕上げに1の割りしょう油をまわし入れる。
3　ベビーリーフミックスと1のキュウリ、梅酢煮ニンジンを器に盛り、炒め終わった熱々の2のキノコのソテーをジュッとまわしかけ、好みの量のヒエ粉マヨネーズをかける。

塩でしめてニンニクをまぶしたコロコロキュウリを
ヒエ粉マヨネーズでとろりと和えて

乱切りキュウリとホタテ風エリンギの
ニンニクレモンサラダ

材料
ヒエ粉マヨネーズ(P20)……30g
キュウリ……1本(200g)
ニンニク……1片(4g)
ホタテ風エリンギ(P70)……100g
自然塩……小さじ4/5

作り方
1 キュウリは乱切りにし、ニンニクは千切りにする。
2 1のキュウリに塩をまぶし、水が出るまでおいておく。水が出てきたら、キュウリをザルにあげ、1のニンニクを混ぜ、香りがなじむまで少しおく。
3 2にホタテ風エリンギを混ぜ、ヒエ粉マヨネーズで和える。

ふわふわの蒸しナスとほっこりジャガイモの2つの食感のコントラストが新鮮

蒸しナスとジャガイモのサイコロサラダ

材料
ヒエ粉マヨネーズ(P20)……60g
ナス……150g(正味)
ジャガイモ……150g(正味)
イタリアンパセリ……適量
自然塩……小さじ3/5

作り方
1 ナスは皮をむき、2cm角に切る。ジャガイモは皮をむき、1.5cm角に切る。
2 1のナスとジャガイモに塩をまぶし、すぐに蒸気の上がった蒸し器に入れて15分蒸す。
3 2にヒエ粉マヨネーズを混ぜ合わせて器に盛り、イタリアンパセリを飾る。
＊ 1でむいたナスの皮は、一緒に蒸してP62の巻き巻きサラダ「ナスの皮巻き」に利用しましょう。また、ジャガイモの皮は厚めにむき、油で揚げてフライドポテトにするとおいしいです。

たらこ感覚 アマランサスドレッシングで楽しむサラダ

Recipes

3

プチプチ感と歯ごたえのある
もっちりドレッシングと
野菜のコンビネーション

ディップ感覚で味わえるドレッシングが、新鮮なサラダ野菜を引き立てる

ちぎりレタスとキュウリの
アマランサスサラダ

材料
アマランサスドレッシング*……1/3～1/2量(40～60g)
レタス……100g
キュウリ……1本(200g)
カリカリ干しシメジ(P70)……適量

作り方
1 レタスは食べやすい大きさにちぎる。キュウリは斜め薄切りにして、タテ半分に切る。
2 器に1のレタスとキュウリ、カリカリ干しシメジを盛り、アマランサスドレッシングをかける。

*アマランサスドレッシング

材料(できあがりの量＝約120g)
炊いたアマランサス*……60g
梅酢……大さじ1
菜種油……大さじ4

作り方
1 梅酢と菜種油を合わせ、よく混ぜる。
2 1に炊いたアマランサスを入れ、混ぜ合わせる。アマランサスは冷めていてもOK。

*アマランサス・基本の炊き方

材料(炊きあがりの量＝約170g)
アマランサス……1/2カップ
水……2カップ
自然塩……小さじ2/3
生姜……10g

1 鍋をあたため、アマランサスを洗わずに入れて、強火でサッとから煎りして、分量の水と皮ごと薄くスライスした生姜を加える。
2 1に塩を入れ、沸騰したらフタをして、吹きこぼれない程度の中火にして5分、弱火で20分炊く。フタをあけて混ぜ、生姜を取り出し、木べらでさっくり混ぜ、風を入れる。

ピーラーでタテに長く幅広にスライスした野菜は
しなやかでダイナミックなおいしさ

リボン野菜の
アマランサスドレッシングサラダ

材料
アマランサスドレッシング(P26)……大さじ1
キュウリ……100g
ズッキーニ……50g
ニンジン……50g

作り方
1. キュウリ、ズッキーニ、ニンジンは皮つきのままピーラーで薄く細長くスライスする。
2. 1を器に盛り、アマランサスドレッシングをかける。
* 野菜のタテの長さに合わせて、できるだけ長く切るのがポイントです。

シャキッと甘いリンゴがひそんだマッシュジャガイモに
アマランサスがとろけて

マッシュポテトとリンゴの
アマランサスサラダ

材料
アマランサスドレッシング（P26）……1/3量（40g）
ジャガイモ……200g（正味）
リンゴ……1/2個（正味100g）
自然塩……小さじ2/5

作り方
1 ジャガイモは皮をむいて塩をまぶし、蒸気の上がった蒸し器で15分蒸して、熱いうちにマッシャーなどでつぶす。
2 リンゴは4等分のくし切りにして、芯を取り、3％の塩水（水1/4カップに自然塩小さじ1/3）にさっとくぐらせ、薄く切る。
3 1のつぶしたジャガイモに2のリンゴとアマランサスドレッシングを混ぜ合わせる。
＊ 1でむいたジャガイモの皮の利用法は、P24の＊を参照。

透明感のあるアマランサスが数の子のようにからんだベジタリアンの松前漬け

メカブとろろとニンジンとイカ風エリンギの
アマランサス松前漬け風サラダ

材料
炊いたアマランサス(P26)……60g
ニンジン……100g
イカ風エリンギ(P70)……70g
刻みメカブ(乾燥)……10g
熱湯……大さじ2強
しょう油……大さじ1
純米酒……大さじ1

作り方
1 ニンジンは皮つきのまま斜めにできるだけ薄く長く切り、それをさらに細長い千切りにする。
2 刻みメカブに分量の熱湯を加え、ねばりが出るまでよく混ぜ、しょう油と酒を混ぜ合わせる。
3 2のメカブに1のニンジン、イカ風エリンギ、炊いたアマランサスを混ぜ合わせる。

チーズ感覚 もちアワドレッシングで楽しむサラダ

Recipes
4

とろ〜りやさしくふんわり甘い
クリームドレッシングと
野菜のコンビネーション

スペインのバールで食べた
赤いパプリカステーキの感動をつぶつぶソースで

焼きパプリカのステーキサラダ

材料
もちアワレモンドレッシング＊……1/6量（20g）
赤パプリカ……1個

作り方
1 赤パプリカに菜箸を2本さし、直火でしっかり焼く。このとき、パプリカの皮が真っ黒に焦げるくらいに焼くのがポイント。焼き上がったら、熱いうちに紙袋に入れて蒸らす。
2 1のパプリカの粗熱がとれたら、皮をむき、残った焦げは拭き取る。包丁でタテに切れ目を入れて、1枚に開く。種は取り除く。
3 2のパプリカを器に盛り、もちアワレモンドレッシングをかける。
＊ 赤パプリカは、できるだけ肉厚のものがおいしいです。

＊もちアワレモンドレッシング

材料（できあがりの量＝約120g）
レモンドレッシング（P10）……1単位
炊いたもちアワ＊……60g

作り方
1 レモンドレッシングはレモンの搾り汁と油がなじむようによく混ぜる。
2 炊いたもちアワがあたたかいうちに、ほぐすように1に混ぜ合わせる。

＊もちアワ・基本の炊き方

材料（炊きあがりの量＝約560g）
もちアワ……1カップ
水……3カップ
自然塩……小さじ1/2

作り方
1 もちアワは洗って目の細かいザルにあげ、水をきる。
2 鍋に分量の水を入れて火にかけ、沸騰したら塩と1のもちアワを入れ、木べらでよく混ぜながら強火で煮る。
3 もちアワが水を充分に吸って、木べらの跡がスジになって残るようになったら、フタをして弱火で15分炊く。
4 炊きあがったら火からおろして10分蒸らし、木べらでさっくり混ぜ、風を入れる。
＊ クッキングマットなどを使うと、均一な弱火になり、うまく炊けます。

不思議な組み合わせなのに味は絶品！
キャベツとグレープフルーツのおいしさ新発見

キャベツとグレープフルーツのサラダ

材料
もちアワレモンドレッシング（P32）……1/2量（60g）
キャベツ……200g
グレープフルーツ……1個（正味100g）
自然塩……小さじ2/5

作り方
1 キャベツは一口大に切り、塩をまぶして、すぐに蒸気の上がった蒸し器に入れて5分蒸す。
2 グレープフルーツは丸のまま皮を包丁で薄皮までむき、中の薄皮にそって包丁を入れて、実を取り出す。
3 1のキャベツと2のグレープフルーツを混ぜ、もちアワレモンドレッシングをかける。

素揚げ野菜の個性的な食感を
さわやかなドレッシングがおいしくつなぐ

揚げ野菜のもちアワキュウリドレッシングサラダ

材料
もちアワレモンドレッシング(P32)……1/2量(60g)
ナス……100g
ジャガイモ……100g
ニンジン……50g
キュウリ……1/2本
梅酢……大さじ1/2
薄口しょう油……小さじ1
揚げ油(植物油)……適量

作り方
1 ナスは長めの乱切りにする。ニンジンも同様に皮つきのまま長めの乱切りにする。ジャガイモは皮ごと1cm角の棒切りにする。
2 180℃の油で1のナスは1分、ジャガイモは2分、ニンジンは1分半揚げる。
3 キュウリはすりおろし、梅酢と薄口しょう油を混ぜて、キュウリドレッシングを作る。
4 器に2の野菜を盛り、3のキュウリドレッシングともちアワレモンドレッシングをかける。
* キュウリは、細かくすりおろすほど、おいしくなります。

素焼き野菜のうま味を
もちアワと中華ドレッシングがとろ～りキリッと引き立てる

焼き野菜の
ニラ風味もちアワ中華ドレッシングサラダ

材料
炊いたもちアワ(P32)……40ｇ
ニラ風味中華ドレッシング(P12)……大さじ3
ナス……120ｇ
オクラ……3本
シイタケ……3個

作り方
1　ナスはヘタを取り、タテ6等分（または8等分）に切る。オクラはヘタを取り、シイタケは石づきを取って、5㎜位の厚さに切る。
2　1のナス、オクラ、シイタケは厚めのフライパンで素焼きする。焼いたオクラは斜めに3等分に切る。
3　2の野菜を器に盛り、ニラ風味中華ドレッシングをかけ、炊いたもちアワをとろりとかける。
＊　ニラ風味中華ドレッシングともちアワの相性が絶妙で、まるでもちアワがとろろのようです！

カッテージチーズ感覚　ヒエドレッシングで楽しむサラダ

Recipes
5

ハラふわ感が楽しい
カッテージチーズ風ドレッシングと
野菜のコンビネーション

白いつぶつぶドレッシングが主役！
海藻＆漬け物のヘルシーコンビのサラダ

たくあんとフノリの
ヒエレモンドレッシングサラダ

材料
ヒエレモンドレッシング＊……1/2量（45g）
たくあん……50g
フノリ（乾燥）……3g

作り方
1　たくあんは千切りにする。フノリは水にさっとつけて戻す。
2　1のたくあんとフノリを混ぜ、ヒエレモンドレッシングをかける。

＊ヒエレモンドレッシング

材料（できあがりの量＝約90g）
レモンドレッシング（P10）……1/2単位
炊いたヒエ＊……60g

作り方
1　レモンドレッシングはレモンの搾り汁と油がなじむようによく混ぜる。
2　炊いたヒエはポロポロにほぐし、1に入れてよく混ぜ合わせる。

＊ヒエ・基本の炊き方

材料（炊きあがりの量＝約400g）
ヒエ……1カップ
水……1と1/2カップ
自然塩……小さじ1/4

1　ヒエは洗って目の細かいザルにあげ、水をきる。
2　鍋に分量の水を入れて火にかけ、沸騰したら塩と1のヒエを入れ、木べらでよく混ぜながら強火で煮る。
3　ヒエが水を充分に吸って、木べらの跡がスジになって残るようになったら、フタをして弱火で15分炊く。
4　炊きあがったら火からおろして10分蒸らし、木べらでさっくり混ぜ、風を入れる。
＊　クッキングマットなどを使うと、均一な弱火になり、うまく炊けます。

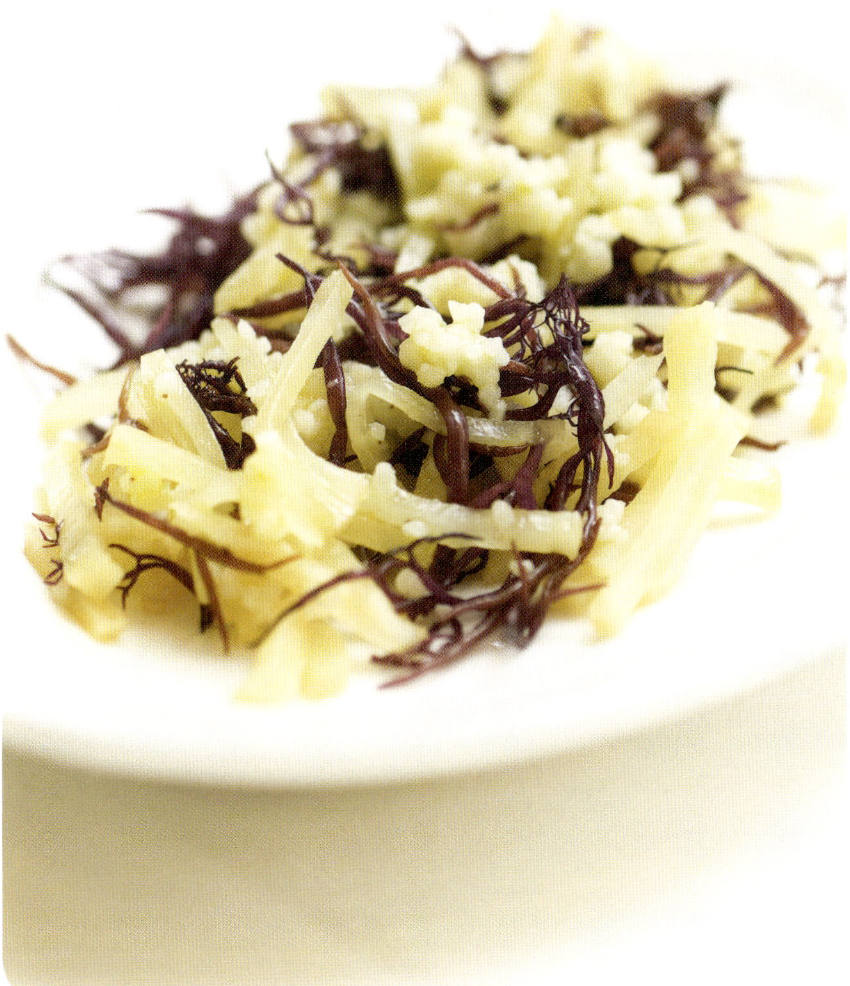

味噌としょう油の風味がベストマッチ!
歯ごたえを楽しみながら体の中からポカポカに

味噌風味のヒエドレッシングで楽しむ
ユズゴボウ入りサラダ

材料
炊いたヒエ(P38)……50g
味噌ドレッシング(P11)……1単位
京菜……50g
ささみ風エリンギ(P70)……40g
ユズゴボウ(P76)……25g
ヒジキマリネ(P84)……20g
水……大さじ1

作り方
1 京菜は4～5cmの長さに切り、炊いたヒエはポロポロにほぐす。ユズゴボウはタテ半分に切る。
2 味噌ドレッシングに分量の水を加え、1のヒエを混ぜる。
3 1の京菜、ユズゴボウ、ささみ風エリンギ、ヒジキマリネを混ぜ合わせ、2のヒエ味噌ドレッシングをかける。

シャキッとゆでた薄切りジャガイモに
エゴマ風味のドレッシングとヒエが合う

薄切りジャガイモとヒエの和風サラダ

材料
炊いたヒエ(P38)……50g
和風ドレッシング(P11)……大さじ2
ジャガイモ……1個(約150g)
タマネギ……120g

作り方
1 ジャガイモは皮つきのままスライサーで薄くスライスし、塩少々(分量外)を加えた熱湯で3分ゆでる。
2 タマネギはタテ半分に切り、繊維に直角に薄くスライスし、冷水に5分つけ、ザルにあげる。
3 器に2のタマネギスライスを盛り、1のジャガイモをのせて、和風ドレッシングをかけ、炊いたヒエをほぐして散らす。

つぶつぶ感がリッチなコールスロー風の
サラダは時間がたってもおいしい

千切りキャベツの
ヒエレモンドレッシング
サラダ

材料
ヒエレモンドレッシング(P38)……40g
キャベツ……100g

作り方
1 キャベツは芯のかたい部分を切り取り、千切りにする。
2 1のキャベツにヒエレモンドレッシングを和えて、しばらく
  おく。
3 2のキャベツがしんなりとして味がなじんだら、できあがり。
* 和えたてのシャキシャキしたものもおいしいですが、味が
  しっかりなじむと、よりおいしくなります。
* 1で切り取ったキャベツの芯の部分は、漬け物などに利用し
  ましょう。

食感を味わう
高キビ、ハトムギ、押し麦、粒ソバ、黒米、
ワイルドライスのドレッシングで楽しむサラダ

Recipes

6

大粒の存在感と歯ごたえがおいしい
ユニークサラダいろいろ

夏の終わりならではの根菜と夏野菜の斬新な組み合わせを
高キビドレッシングの粒感が引き立てる

ゴボウとインゲンの高キビトマトサラダ

材料
炊いた高キビ*……30g
梅酢ドレッシング(P10)……1/2単位
ゴボウ……100g
インゲン……100g
トマト……50g
植物油……大さじ2
水……1/3カップ
しょう油……大さじ1

作り方
1 ゴボウは皮つきのまま4cmくらいの長さのささがきにする。インゲンは4cmの長さの斜め切りにする。トマトは1cm角に切る。
2 鍋に油を熱して、1のゴボウを中火でよく炒める。ツンとした匂いがいい香りに変わってきたら、分量の水を加え、フタをして中強火煮る。
3 2の水が半量くらいになって、ゴボウがやわらかくなったら、しょう油を加えてさらに煮る。
4 3の煮汁が少し残るくらいまで煮たら、1のインゲンをのせて、フタをし、3分煮る。
5 炊いた高キビはあたたかいうちに、ほぐすように梅酢ドレッシングに混ぜ合わせる。
6 4の粗熱がとれたら、1のトマトを加え、5の高キビ梅酢ドレッシングをかける。

＊高キビ・基本の炊き方

材料(炊きあがりの量＝約300g)
高キビ……1カップ
水……1カップ
自然塩……小さじ1/4

圧力鍋で炊く
1 高キビは洗ってザルにあげ、水をきる。
2 圧力鍋に1の高キビ、分量の水、塩を加え、強火にかける。蒸気が上がってきたら、一呼吸おいてからおもりをのせる。おもりが回り始めたら、30秒ほど待って、おもりが少し動く程度の弱火にして10分炊く。
3 火からおろして10分蒸らしたら、木べらでさっくり混ぜ、風を入れる。

鍋で炊く
1 高キビは洗って、たっぷりの水にひと晩つけて水をきる。
＊ 急ぐときはたっぷりの熱湯につけ、ぴったりフタをして30分蒸らします。
2 鍋に1の高キビ、分量の水、塩を加え、フタをして強火にかける。沸騰したら中火で5分、とろ火で15分炊く。
3 炊きあがったら火からおろして10分蒸らし、木べらでさっくり混ぜ、風を入れる。

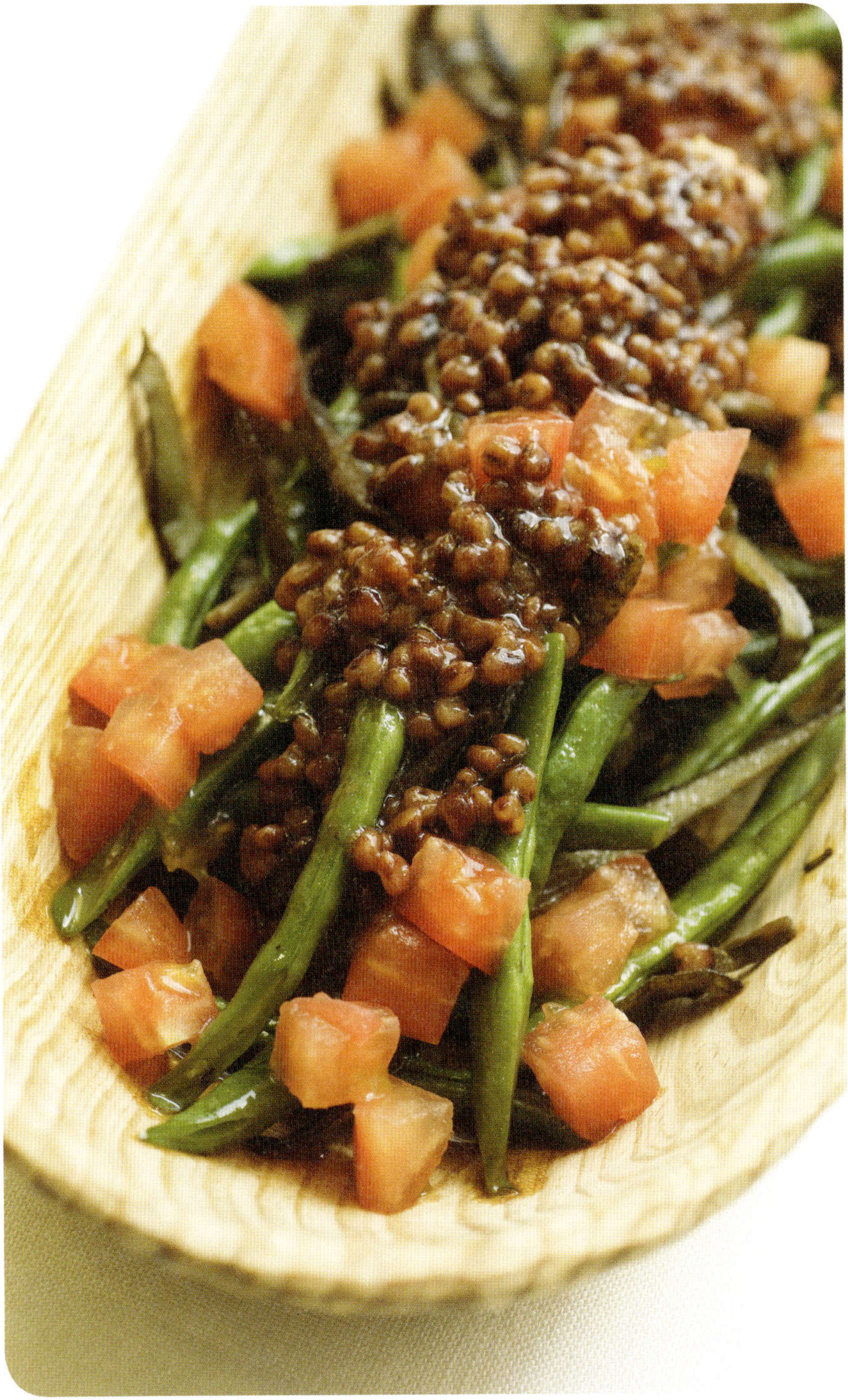

ハトムギの白にインゲンの緑とニンジンの朱赤
カラフル&食感がポップなサラダ

ハトムギのごまクリームサラダ

材料
炊いたハトムギ＊……45ｇ
ごまドレッシング（P12）……1/2単位
ニンジン……50ｇ
インゲン……50ｇ

作り方
1　ニンジンは皮つきのまま6㎜角に切る。インゲンは6㎜幅の輪切りにする。
2　塩ひとつまみ（分量外）を加えた熱湯で1のニンジンとインゲンを一緒に2分ゆでる。
3　2のニンジン、インゲン、炊いたハトムギを混ぜ合わせ、ごまドレッシングで和える。

＊ハトムギ・基本の炊き方

材料（炊きあがりの量＝約250ｇ）
ハトムギ……1カップ
水……1カップ
自然塩……小さじ1/4

炊き方は、圧力鍋の場合も、鍋の場合も、P44の高キビと同じです。

透明なドレッシングに包まれた
カラフルな野菜と麦がかわいい

押し麦と野菜のくずクリームサラダ

材料
炊いた押し麦＊……45g
くずドレッシング（P12）……1単位
タマネギ……60g
キュウリ……60g
ゆでたコーン（粒→缶のものでもOK）……100g

作り方
1 タマネギは1cm角に切り、塩少々（分量外）を加えた熱湯で2分ゆでる。
2 キュウリはコーンと同じくらいの大きさのさいの目切りにする。
3 1のタマネギ、2のキュウリ、コーン、炊いた押し麦を混ぜ合わせ、くずドレッシングで和える。

＊押し麦・基本の炊き方

材料（炊きあがりの量＝約330g）
押し麦……1カップ
水……1と1/2カップ
自然塩……小さじ1/4

1 熱した鍋に押し麦を洗わずに入れ、軽く煎る。
2 1の鍋に分量の水と塩を入れ、フタをして強火にかける。沸騰したら弱火にして15～20分炊く。
3 炊きあがったら火からおろして10分蒸らし、木べらでさっくり混ぜ、風を入れる。

旬の白菜は生がおいしい！
軸と葉先の2種のフレッシュテイストを楽しむ

生白菜と粒ソバと焼き油揚げの和風サラダ

材料
炊いた粒ソバ＊……15ｇ
和風ドレッシング(P11)……大さじ2
白菜（軸と葉先の部分を合わせて）……100ｇ
梅酢煮ニンジン(P76)……2〜3枚
青ジソ……1枚
黒大豆煮(P85)……20粒
油揚げ……1/2枚

作り方
1　白菜は葉と軸に分け、軸は4cmの長さ、1cm幅の棒状に切り、葉は一口大に切る（P16の切り方の写真参照）。
2　油揚げは厚手のフライパンで、うっすら焦げ目がつき、カリッとするまで中火で焼く。タテ半分に切り、1cm幅の短冊切りにする。
3　梅酢煮ニンジンは6mm幅に切る。青ジソはみじん切りにする。
4　1の白菜、2の油揚げ、3の梅酢煮ニンジン、炊いた粒ソバ、黒大豆煮を混ぜ合わせ、和風ドレッシングをかけ、青ジソのみじん切りを散らす。

＊**粒ソバ・基本の炊き方**

材料（炊きあがりの量＝約330ｇ）
粒ソバ……1カップ
水……1と1/2カップ
自然塩……小さじ1/4

作り方
1　熱した鍋に粒ソバを洗わずに入れ、さっと煎って、分量の水を入れる。
2　1が沸騰したら塩を入れ、フタをして中火で5分、弱火で15分炊く。
3　炊きあがったら火からおろして10分蒸らし、木べらでさっくり混ぜ、風を入れる。

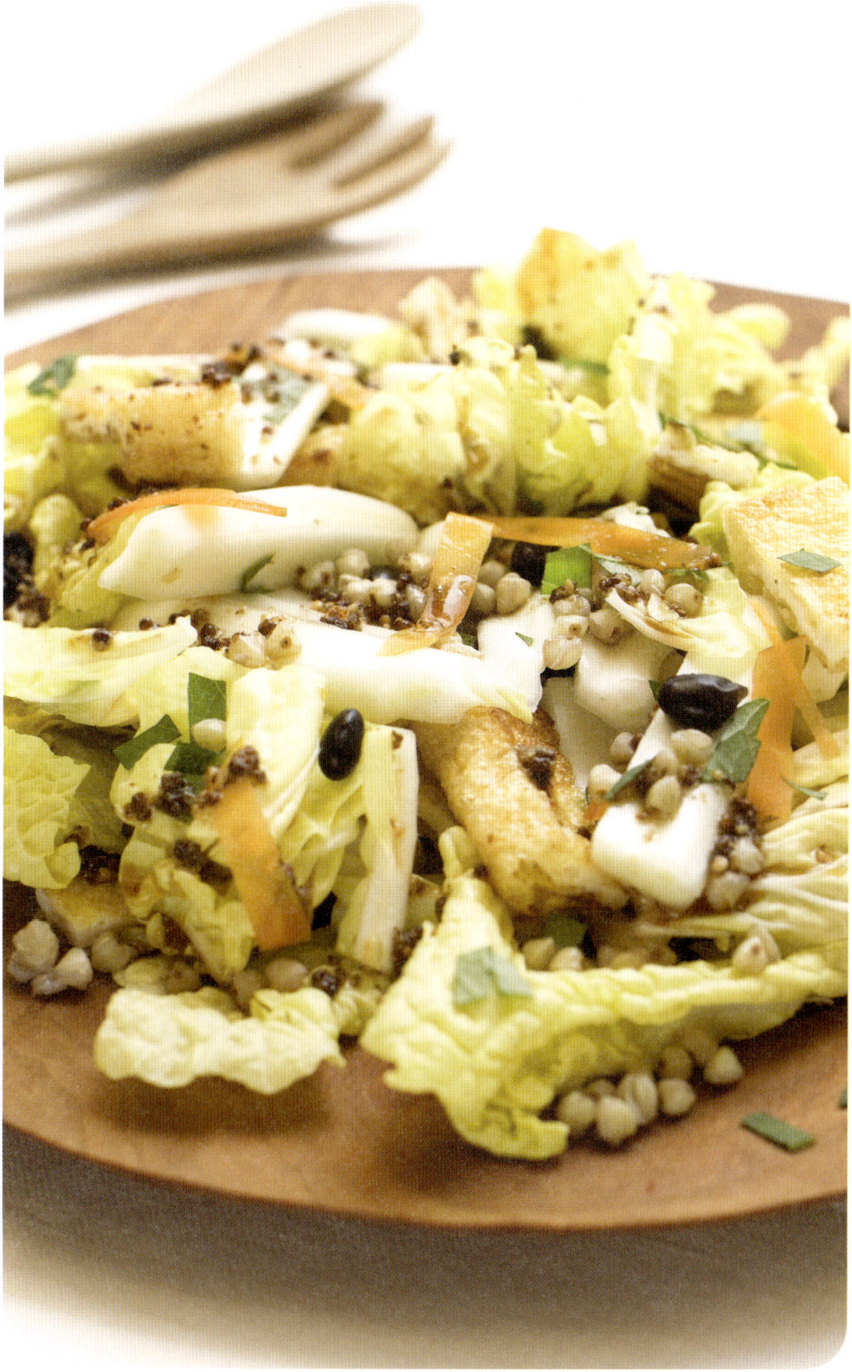

水晶のように蒸しあげた大根と黒米入りのクリームが
口の中でジューシーにとろける

蒸し大根の黒米入り豆腐クルミクリーム和え

材料
炊いた黒米＊……30g
大根……200g
自然塩……小さじ2/5
豆腐クルミクリーム(P60)……1単位

作り方
1 大根は皮つきのまま2.5cmの角切りにして、塩をまぶし、すぐに蒸気の上がった蒸し器で20分蒸して冷ます。
2 1の大根を冷やした豆腐クルミクリームで和えて、炊いた黒米を混ぜ合わせる。

＊**黒米・基本の炊き方**

材料（炊きあがりの量＝約140g）
黒米……1/2カップ
水……1カップ
自然塩……小さじ1/8

作り方
1 黒米は洗ってザルにあげ、水をきる。
2 鍋に1の黒米を入れ、分量の水と塩を加えて、フタをして強火にかける。
3 沸騰したら中火で5分、弱火で15分炊く。
4 炊きあがったら火からおろして10分蒸らし、木べらでさっくり混ぜ、風を入れる。

新しいおいしさとコクのあるディップで
揚げパンと野菜スティックをパーティー感覚に楽しむ

3種のつぶつぶディップサラダ

材料
[ワイルドライス入りポンセンクリーム]
ワイルドライス……50g
水……2カップ
自然塩……小さじ1/4
ポンセンクリーム(P60)……1単位
キャラウェイシード……小さじ1

[ラギ粉のパテ]
ラギ粉……20g　　パン粉……20g
ニンジン……50g　水……1/2カップ
タマネギ……50g　自然塩……小さじ1強
トマト……50g　　ごま油……大さじ1
ニンニク……1片　オリーブ油……大さじ1

もちアワレモンドレッシング(P32)……適量

[スティック揚げパンとスティック野菜]
パン(好みのもの)……適量
好みの野菜(ニンジン、大根、キュウリなど)
　……適量
揚げ油(植物油)……適量

作り方
[ワイルドライス入りポンセンクリーム]
1　鍋にワイルドライスを洗わずに入れ、分量の水と塩を加えてフタをする。火にかけて、沸騰したら弱火で15～20分煮て、ザルにあげる。
2　ポンセンクリームに1の炊いたワイルドライスとキャラウェイシードを混ぜ合わせる。

[ラギ粉のパテ]
3　ニンジン、タマネギは5mm角のみじん切りにする。トマトはみじん切りにし、ニンニクはすりおろす。
4　鍋にごま油、オリーブ油を熱し、3のタマネギを入れてさっと炒め、ニンジン、トマトを加えて炒め、塩を加える。
5　4にラギ粉、パン粉、分量の水を入れ、焦げないように中火で炒め、なめらかなペースト状にする。
6　5に3のニンニクを入れて、混ぜ合わせる。

[スティック揚げパンとスティック野菜]
7　パンは2cm角くらいの棒状に切り、油でカリカリになるように揚げる。野菜は1cm角くらいの棒状に切る。
8　7にそれぞれのディップをつけていただく。

51

食感の異なる2種類の白のコンビネーションと
ワカメとニラソースのコントラストを高キビがつなぐ

豆腐と白キクラゲの
高キビニラソースサラダ

材料
炊いた高キビ(P44)……10g
ニラ風味中華ドレッシング(P12)……大さじ2
豆腐……1丁
生ワカメ……20g
白キクラゲ(ゆでたもの・P84)……50g

作り方
1 豆腐は6等分に切り、バットに置き、出てきた水分をきる。
2 生ワカメは一口大に切る。白キクラゲは固い部分を取りのぞき、一口大にちぎる。
3 器に1の豆腐、2の生ワカメと白キクラゲ、炊いた高キビを盛り、ニラ風味中華ドレッシングをかける。

キャビア感覚
キヌア、うるちアワのドレッシングで楽しむサラダ

Recipes
7

透明感あるふわ粒のキヌアと
締まった粒のうるちアワの
キャビアのような食感を楽しむ

大根の千切りと白キクラゲ
2つの白い食材の食感が絶妙

ニンジン花チップスが映える
キヌアドレッシングサラダ

材料
キヌアレモンドレッシング*……50g
大根……100g
貝割れ大根……10g
ニンジン花チップス**……7〜8枚
白キクラゲ(ゆでたもの・P84)……50g

作り方
1 白キクラゲは固い部分を取りのぞき、一口大にちぎる。大根は皮つきのまま細い千切りにして、冷水に5分さらし、ザルにあげる。貝割れ大根は根の部分を切る。
2 器に1の白キクラゲ、大根、貝割れ大根を盛り、キヌアレモンドレッシングをかけて、ニンジン花チップスを散らす。

*キヌアレモンドレッシング

材料(できあがりの量＝約120g)
レモンドレッシング(P10)……1単位
炊いたキヌア*……60g

作り方
1 レモンドレッシングはレモンの搾り汁と油がなじむようによく混ぜる。
2 炊いたキヌアがあたたかいうちに、ほぐすように1に混ぜ合わせる。

*キヌア・基本の炊き方

材料(炊きあがりの量＝約390g)
キヌア……1カップ
水……1と4/5カップ
自然塩……小さじ1/4

1 熱した鍋にキヌアを洗わずに入れ、さっと煎って、分量の水を入れる。
2 1が沸騰したら塩を入れ、フタをして弱火で15分炊く。
3 炊きあがったら火からおろして10分蒸らし、木べらでさっくり混ぜ、風を入れる。

**ニンジン花チップス

作り方
ニンジンは皮つきのまま薄い輪切りにして、中温に熱した油で揚げる。油に入れたニンジンの中央を菜箸でつつきながら揚げると、花びらのようなニンジンができる。

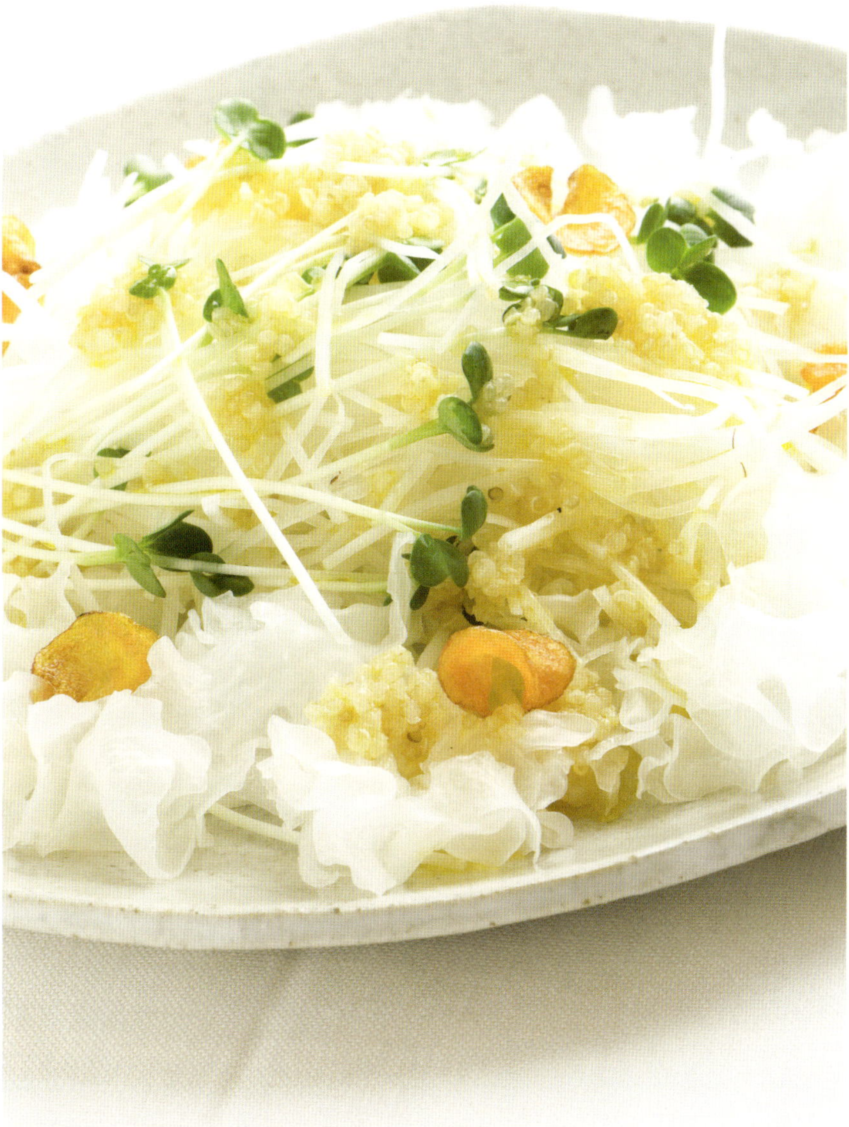

緑とクリーム色を糸寒天の
透明な白がつなぐ新感覚の卵なしミモザサラダ

ブロッコリーとうるちアワの 和風ミモザサラダ

材料
炊いたうるちアワ＊……20ｇ
和風ドレッシング(P11)……大さじ1
ブロッコリー……100ｇ
糸寒天(乾燥)……2ｇ
フノリ(乾燥)……1ｇ

作り方
1 ブロッコリーは小さめの小房にして、塩少々（分量外）を加えた熱湯でゆでる。糸寒天は水に5分つけて戻し、半分に切る。フノリは水にさっとつけて戻す（P84参照）。
2 器に1のブロッコリー、糸寒天、フノリ、炊いたうるちアワを盛りつけ、和風ドレッシングをかける。
＊ ブロッコリーは茎の部分に包丁で切り込みを入れてから手で裂くと、つぼみがばらけにくくなります。

＊うるちアワ・基本の炊き方

材料（炊きあがりの量＝約370ｇ）
うるちアワ……1カップ
水……1と4/5カップ
自然塩……小さじ1/4

作り方
1 うるちアワは洗って目の細かいザルにあげ、水をきる。
2 鍋に分量の水を入れて火にかけ、沸騰したら塩と1のうるちアワを入れ、木べらでよく混ぜながら強火で煮る。
3 うるちアワが水を充分に吸って、木べらの跡がスジになって残るようになったら、フタをして弱火で15分炊く。
4 炊きあがったら火からおろして10分蒸らし、木べらでさっくり混ぜ、風を入れる。
＊ クッキングマットなどを使うと、均一な弱火になり、うまく炊けます。

梨のさわやかでジューシーな甘さと
キャベツのうま味をレモン味で包んで

リボンキャベツと梨の
キヌアドレッシングサラダ

材料
キヌアレモンドレッシング(P54)……50g
キャベツ……80g
梨……1/4個(正味80g)
生ワカメ……30g

作り方
1　キャベツは5cmの長さ、7mm幅に切り、蒸気の上がった蒸し器で5分蒸す。
2　梨1/4個は塩水（水1/4カップに自然塩小さじ1/3）にくぐらせ、皮つきのまま薄切りにする。
3　生ワカメは1cm幅に細長く切る。
4　器に1のキャベツ、2の梨、3の生ワカメを盛り、キヌアレモンドレッシングをかける。

腎臓の目詰まり解消効果が期待できる小豆
サラダ食材として楽しむと砂糖なしでも豆の甘みがおいしい!

うるちアワと小豆のサラダ

材料
炊いたうるちアワ(P56)……60g
梅酢ドレッシング(P10)……1/2単位
キュウリ……60g
セロリ……40g
ゆで大根葉のみじん切り(P76)……100g
レタス……適量
小豆煮(P85)……60g
粒マスタード……大さじ1

作り方
1 キュウリは半月の薄切りにする。セロリは筋を取り、薄切りにする。
2 梅酢ドレッシングに炊いたうるちアワと粒マスタードを混ぜ合わせる。
3 1のキュウリとセロリ、小豆煮、ゆで大根葉のみじん切りを混ぜ合わせ、2のドレッシングで和える。
4 器にレタスを敷き、3を盛る。

ジュッとかけた熱々ニンニクドレッシングが
カブのやさしいうま味を引き立てる

カブとキヌアの丸ごと蒸しサラダ

材料
炊いたキヌア(P54)……適量
和風ドレッシング(P11)……1/2単位
カブ(葉の部分も含む)……2個
ニンニク……1片(4g)
ささみ風エリンギ(P70)……40g
赤トサカノリ(乾燥)……適量

作り方
1 カブは葉を切り、蒸し器に入れて火にかける。沸騰してから5分たったら、切った葉も入れて、さらに5分蒸す。
2 赤トサカノリは水にさっとつけて戻す(P84参照)。
3 器に6等分に切った1のカブを盛り、葉の部分と2の赤トサカノリをまわりに盛りつける。さらにささみ風エリンギと炊いたキヌアを散らす。
4 鍋に和風ドレッシングとおろしたニンニクを入れて火にかけ、ニンニクの香りがしてきたら火を止めて、熱々のドレッシングを3にかける。

＊ カブ1個に対して小さじ2くらいのドレッシングが適量です。
＊ 蒸したカブの葉があまったら、おひたしにして食べたり、また、刻んで冷凍しておけば、便利なストック食材になります。

Column 1 ｜ ユニーク和え衣

植物性の伝統食材を使って作る個性的な白いクリームを2種類紹介します。
1つは、クルミと豆腐で作るクリームチーズ感覚の和え衣、
もう1つは、玄米ポンセンと菜種油と豆乳で作る生クリーム感覚の和え衣。
ふんわりとろける、真っ白なコクのあるクリームです。

豆腐クルミクリーム

材料（1単位）
豆腐……1/2丁
クルミ……25g
自然塩……小さじ1/2

作り方
① 鍋に湯をわかし、沸騰したら弱火にする。豆腐をくずれないように静かに入れて、芯があたたかくなるまでゆでる。
② ①の豆腐をさらし布などに包み、豆腐がつぶれない程度のおもしをして、半分くらいの大きさになるまで水気を抜いて、締める。
③ フードプロセッサーに②の豆腐、煎ったクルミ、塩を入れ、なめらかなペースト状のクリームを作る。

ポンセンクリーム

材料（1単位）
玄米ポンセン……20g
豆乳……3/4カップ
菜種油……1/2カップ
自然塩……小さじ1/3

作り方
① 玄米ポンセンをフードプロセッサーに入れ、細かい粉状にして取り出す。
② フードプロセッサーに豆乳、菜種油を入れて攪拌し、よく混ざったら、①のポンセン、塩を入れて、さらに攪拌する。

応用編①　ごちそうサラダ

Recipes

8

巻き巻きサラダ、カナッペ、
テリーヌ、ジュレ……
ちまたで人気の
パーティーメニューを楽しむ

つぶつぶ流ピンチョス①
「巻き巻きサラダ編」

ナスの皮巻き

ナスは皮を厚めにむき、7cmくらいの長さにして、蒸し器で15分蒸す。**味噌風味のヒエドレッシングで楽しむユズゴボウ入りサラダ**（P40）を適量のせて巻く。

生春巻き2種

生春巻きの皮は1枚ずつさっと水にくぐらせ、クッキングペーパーにはさんでおく。戻した生春巻きの皮に**メカブとろろとニンジンとイカ風エリンギのアマランサス松前漬け風サラダ**（P30）と**生白菜と粒ソバと焼き油揚げの和風サラダ**（P48）それぞれを40gずつのせて、ギュッと締めながら、きっちりと巻く。

サラダロールキャベツ

やわらかくゆで、芯をそいだ小さめの**キャベツの葉に蒸しナスとジャガイモのサイコロサラダ**（P24）25gをのせて巻く。

蒸しナスの皮、ゆでキャベツ、生春巻きの皮、
リボン野菜などでサラダを巻いて作る、
オリジナルのかわいくて、ハッとするおいしさのフィンガーフード。

リボン野菜のサラダ巻き

緑および黄色の**ズッキーニの皮**をピーラーで長くむく。**ブロッコリーとうるちアワの和風ミモザサラダ**（P56）15gのブロッコリーをたがいちがいにおいて、その上に糸寒天とフノリをおき、くるくると巻く。

レタスと青ジソと油揚げのスティック

油揚げ1枚を厚手のフライパンで軽く焼く。1枚に開き、**レタス**1枚、**青ジソ**3枚、**もちアワレモンドレッシング**（P32）大さじ1をのせてくるくる巻き、6か所に串をさして6等分に切り分ける。

エリンギとレンコンのスティック

半月型に切った**梅酢煮レンコン**（P76）の上に**ヒエ粉マヨネーズ**（P20）で和えた**ホタテ風エリンギ**（P70）をのせ、梅酢煮レンコンを半分に折って竹串をさす。

つぶつぶ流ピンチョス②
「カナッペ編」

焼きカボチャの
ヒジキマリネとキヌアのせ

5mmの厚さで一口大に切った**カボチャ**を、厚手のフライパンで焼く。**ヒジキマリネ**（P84）、**炊いたキヌア**（P54）、**黄パプリカ**のスライスをトッピングする。

焼きスイートポテトの
ヒエ粉マヨネーズとフノリのせ

サツマイモを皮つきのまま5mmの厚さに切り、厚手のフライパンで焼く。**ヒエ粉マヨネーズ**（P20）、戻した**フノリ**（P84）をトッピングする。

ポンセンクリームのワイルドライスディップ

スライスした好みの**天然酵母パン**に**ワイルドライス入りポンセンクリーム**（P51）をのせ、**赤パプリカ**のスライスをトッピングする。

スペインのバール発祥のピンチョスは、楊枝にさしたり、
スプーンや小皿に盛られた一口料理のこと。
お酒のおともに、また、気軽なパーティーにと大活躍の簡単レシピです。

カブの塩水漬けの
ヒエ梅酢ドレッシングがけ

カブは皮つきのままタテ1cmの厚さに切り、塩水（水1/2カップに自然塩小さじ1と1/2）に半日以上漬ける。食べる直前にレモン汁適量をふりかけ、**ヒエ梅酢ドレッシング**（P72）を適量のせる。

ラギ粉のパテ on 大根の冷製

四角形の大根のスライス（P17の作り方1）に**ラギ粉のパテ**（P51）をのせる。

焼きポテトの梅酢煮レンコンと
ヒエ粉マヨネーズのせ

ジャガイモを皮つきのまま5mmの厚さに切り、厚手のフライパンで焼く。**ヒエ粉マヨネーズ**（P20）、イチョウ切りにした**梅酢煮レンコン**（P76）、**イタリアンパセリ**をトッピングする。

弾力のあるとろ〜り感がうれしいヒエ粉のテリーヌは
卵もゼラチンもいらずに固まる不思議料理

ヒエ粉のテリーヌ

材料（12×7.5×4.5cmの流し缶1個：5〜6人分）
ヒエ粉……55g
赤パプリカ・黄パプリカ……30g（合わせて）
貝割れ大根……少々
干しシメジ……3g
水……1と1/2カップ
自然塩……小さじ1/2

作り方
1 分量の水に干しシメジを入れて火にかけ、だし汁を作って冷まし、干しシメジは取り出す。パプリカはそれぞれ5mmの角切りにして、蒸気の上がった蒸し器で3〜5分ほどやわらかくなるまで蒸す。
2 鍋に冷めた1のだし汁、ヒエ粉を入れてよく溶かし、混ぜながら火にかける。
3 2を強火のまま混ぜながら煮る。だんだんとろみがついてきて、一度もったり重たくなった生地がゆるんでフツフツとなってきたら、塩を加えてさらに煮る。ツヤが出てきたら、できあがり。
4 3に1のパプリカを加えて混ぜ、熱いうちに水でぬらした流し缶に流し入れ、冷ます。
5 4が完全に冷めたら、食べやすい厚さに切って器に盛り、貝割れ大根を飾る。
＊ だし汁を作ったあとの干しシメジは、炒め物などの具に使いましょう。

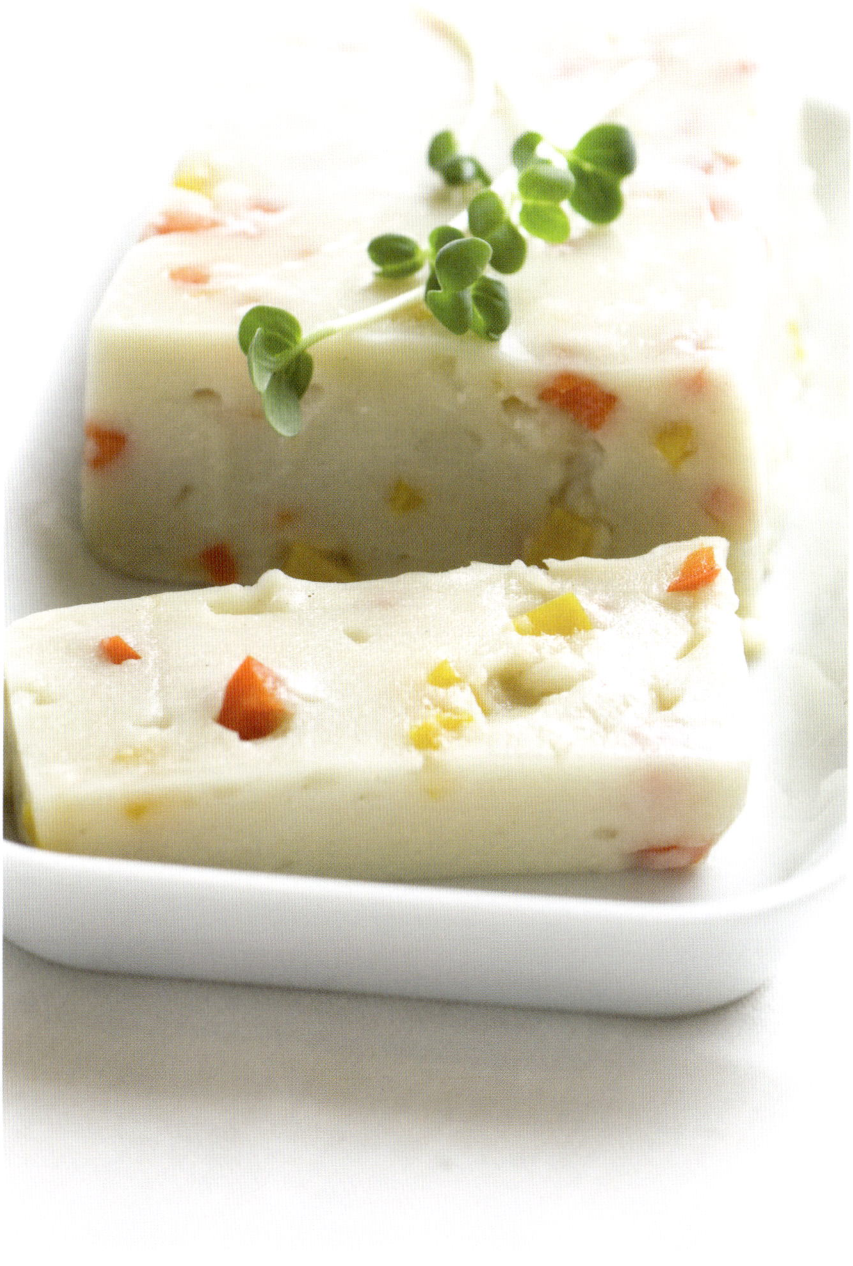

金色透明のキヌアとふんわりとろける蒸しナスと寒天
3種の食感が舌においしい

キヌアのクリスタルジュレ

材料（12×7.5×4.5cmの流し缶1個：5～6人分）
炊いたキヌア(P54)……80g
ナス……400g
糸寒天(乾燥)……10g
水……1と4/5カップ
自然塩……小さじ4/5＋小さじ1/4

作り方
1 糸寒天はたっぷりの水に一晩つけてザルにあげ、水をきる。
2 ナスは皮をむき、タテ4等分にして1cmの厚さに切り、塩小さじ4/5をまぶして、蒸気の上がった蒸し器で15分蒸す。1の戻した糸寒天の半量を薄い小口切りにして、小さな星のようなトッピングを作る。
3 流し缶に炊いたキヌアを敷き詰め、その上に2のナスを並べる。
4 鍋に残り半量の糸寒天、分量の水、塩小さじ1/4を入れて火にかける。沸騰してきたら少し火を弱め、糸寒天が溶けるまで触らずに煮る。糸寒天が完全に溶けたら、3に流し入れ、冷やし固める。
5 4が固まったら、1.5cmの厚さに切り、器に盛りつけて、2の糸寒天をトッピングする。

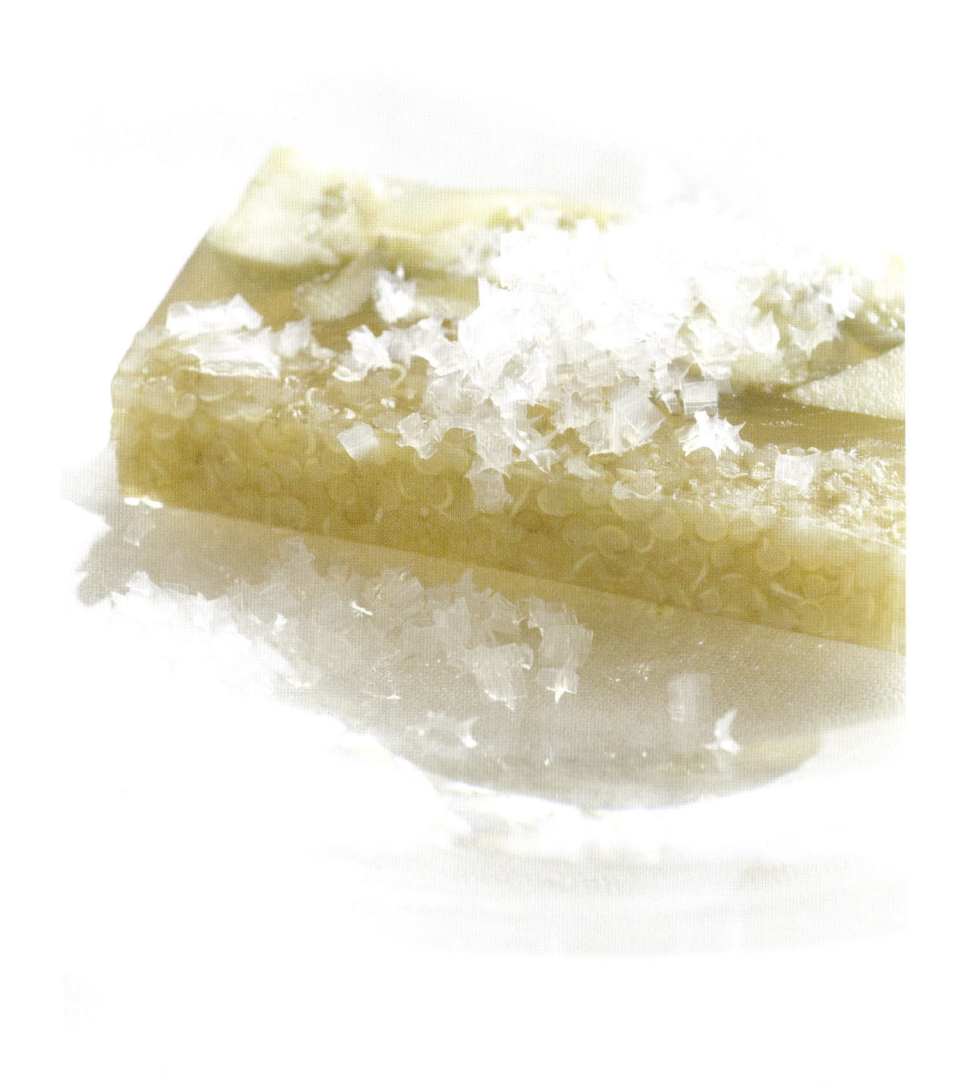

Column 2 | ユニークトッピング

食感が楽しめるだけではなく、栄養価も高める個性豊かなトッピング食材を紹介します。
どれもさっと簡単に作れて、保存がききます。
パッとふりかけたり、混ぜるだけで、
つぶつぶサラダのおいしさにコクと深みをプラスできる強い味方です。

アマランサスポップ

材料
アマランサス……小さじ3

作り方
① 厚手の鍋を強火にかけ、鍋があたたまったら、小さじ1のアマランサスを入れ、目の細かいザルをすばやくのせて、鍋をゆする。
② アマランサスがはじけだしたら弱火にして、ゆすりながら煎って、すぐに取り出す。
＊ 必ず小さじ1ずつ作るのがポイントです。一度に多く入れると、うまくはじけません。

煎りエゴマ

材料
エゴマ……適量

作り方
① 厚手の鍋を強火にかけ、鍋があたたまったら、エゴマを入れ、鍋をゆすりながら煎る。
② 1～2粒パチパチとはじける音がしはじめたら、すばやく別の容器に移す。

カリカリ干しシメジ

材料
干しシメジ……12g
自然塩……小さじ1/3
植物油……大さじ2

作り方
① フライパンに油を熱し、中火にして、干しシメジを乾燥したまま入れる。
② 全体に油がまわったら塩をふり、カリっとするまで炒める。

ホタテ風エリンギ

材料
エリンギ……100g
純米酒……大さじ1
自然塩……小さじ1/4

作り方
① エリンギは2～3cmの厚めの輪切りにして、鍋に入れ、合わせておいた酒と塩をふりかけ、フタをして火にかける。
② ①のエリンギから水分が出はじめたら、弱火にして、水分がなくなるまで煮る。

ささみ風エリンギ

材料
エリンギ……100g
純米酒……大さじ1
自然塩……小さじ1/4

作り方
① エリンギはタテに細く裂いて鍋に入れ、合わせておいた酒と塩をふりかけ、フタをして火にかける。
② ①のエリンギから水分が出はじめたら、弱火にして、水分がなくなるまで煮る。

イカ風エリンギ

材料
エリンギ……100g
純米酒……大さじ2
自然塩……小さじ1/2

作り方
① エリンギはタテに裂いて鍋に入れ、合わせておいた酒と塩をふりかけ、フタをして火にかける。
② ①のエリンギから水分が出はじめたら、弱火にして、水分がなくなるまで煮る。
③ フタをとり、強火にして焼き色をつける。

応用編②　スイーツサラダ

Recipes
9

果物とつぶつぶドレッシングを
組み合わせて作る
デザート感覚のごちそうサラダ

梅酢の塩味と酸味で柿の甘さをうま味に変えたサラダ

柿のヒエ梅酢ドレッシングサラダ

材料
柿……1個(正味160g)
ヒエ梅酢ドレッシング*……1/2量(60g)

作り方
1 柿は8等分のくし切りにして、皮をむく。
2 器に1の柿を盛り、ヒエ梅酢ドレッシングをかける。
* むいた柿の皮は漬け物に使ったり、塩もみにするといいでしょう。

* ヒエ梅酢ドレッシング

材料(できあがりの量=約120g)
梅酢ドレッシング(P10)……1単位
炊いたヒエ(P38)……60g

作り方
1 梅酢ドレッシングは梅酢と油がなじむようによく混ぜる。
2 炊いたヒエがあたたかいうちに、ほぐすように1に混ぜ合わせる。

デザートテイストの簡単大学芋！ オレンジと黒のコントラストがユニーク

みかん煮スイートポテトと黒米のサラダ

材料
炊いた黒米(P50)……50g
サツマイモ……250g
みかんの搾り汁（またはみかんジュース）……2と1/2カップ
レモンの搾り汁……大さじ1/2
自然塩……小さじ1/4

作り方
1 サツマイモは皮つきのまま2cm角に切る。
2 鍋に1のサツマイモを重ならないように入れ、みかんの搾り汁（またはみかんジュース）と塩を加え、フタをして火にかけ、煮立ったら中火にして煮る。
3 2のサツマイモがやわらかくなり、煮汁が少し残るまで煮たら、火からおろして、レモンの搾り汁を加える。
4 3に炊いた黒米を加えて、少しおいて煮汁を含ませ、全体にからめる。

レモン風味のもちアワドレッシングの酸味にとろけるバナナ

バナナとレーズンと もちアワレモンドレッシングのサラダ

材料
もちアワレモンドレッシング(P32)……1/4量(30g)
バナナ……2本
レモンの搾り汁……小さじ1
レーズン……25g

作り方
1 バナナは1cm強の輪切りにして、レモンの搾り汁をふりかける。レーズンはかぶるくらいの湯につけて、やわらかくする。
2 もちアワレモンドレッシングに1のレーズンを入れて混ぜる。
3 器に並べた1のバナナの上に2のレーズン入りもちアワドレッシングをトッピングする。

真っ白なクリームに包まれた3種類の甘さと食感が
口の中で歯に舌にはじける

サツマイモと金時豆とリンゴの
ポンセンクリームサラダ

材料
アマランサスポップ(P70)……適量
サツマイモ……150g
リンゴ……1/2個(正味100g)
金時豆煮(P85)……70g
自然塩……小さじ1/3
ポンセンクリーム(P60)……1単位

作り方
1 サツマイモは皮つきのまま1.5㎝角に切り、分量の塩をまぶして、蒸気の上がった蒸し器で5分蒸す。
2 リンゴは芯を取り、3％の塩水（水1/4カップに自然塩小さじ1/3）にさっとくぐらせ、皮つきのまま1.5㎝角くらいに切る（サツマイモより少し小さめに切るのがおいしさのポイント）。
3 1のサツマイモ、2のリンゴ、金時豆煮を混ぜ、ポンセンクリームで和える。
4 3を器に盛り、アマランサスポップを散らす。

Column 3 | 保存料理術で野菜たっぷりのサラダを毎日楽しむ

レンコン、ニンジン、ゴボウなどの根菜は、体を芯から元気にしてくれる野菜ですが、
調理に手間がかかる野菜と思われていて、敬遠されがちです。
短時間の簡単クッキングで、それぞれの野菜の新鮮なおいしさと
栄養をキープさせる保存料理術のレシピを紹介します。
これなら、毎日、しっかり、たっぷり野菜が食べられます！
一度で食べきれない大根葉やミョウガの手軽な保存料理も、とても便利でおすすめの方法です。

梅酢煮レンコン

材料
レンコン……200 g
水……2カップ
梅酢……大さじ1

作り方
① レンコンは皮つきのまま薄い輪切りにする。
② 鍋に①のレンコンを入れ、分量の水と梅酢を入れて5分以上おく。
③ 鍋にフタをせず、火にかけ、沸騰したら中弱火にして5分煮る。
④ ③を煮汁につけたまま冷ます。
＊ 煮たレンコンは、煮汁につけたまま、容器に入れて保存します。

梅酢煮ニンジン

材料
ニンジン……50 g
水……1カップ
梅酢……小さじ1

作り方
① ニンジンは皮つきのまま薄い輪切りにする。
② 鍋に①のニンジンを入れ、分量の水と梅酢を入れて火にかけ、沸騰したらフタをして、中弱火にして10分煮る。
＊ 煮たニンジンは、煮汁につけたまま、容器に入れて保存します。

ユズゴボウ

材料
ゴボウ……100 g
しょう油……大さじ2
水……大さじ3
ユズの搾り汁……小さじ1
昆布……5cm

作り方
① ゴボウはたわしで軽く洗い、皮つきのまま厚さ2mmくらい、長さ3～4cmの斜め切りにして、熱湯で5分ゆでる。
② 容器にしょう油、水、ユズの搾り汁、昆布を順に入れて合わせ、①のゴボウを漬ける。
＊ 漬けてから30分以降から食べられます。

ミョウガの梅酢漬け

材料
ミョウガ……適量
梅酢……適量

作り方
保存容器によごれをふき取ったミョウガを入れて、ヒタヒタになるくらいの梅酢を加える。
＊ 仕込んで半日以降から食べられます。残った梅酢は、ドレッシングやお吸い物などに利用できます。

ゆで大根葉のみじん切り

材料
大根葉……大根1本分

冷凍保存可能！カルシウムの宝庫

作り方
大根葉は塩少々（分量外）を加えた熱湯で7～8分軸がやわらかくなるまでゆでて、ザルにとって冷まし、5mmの小口切りにして、軽くしぼる。
＊ 小分けにして、冷凍しておくと、自然解凍または蒸し器でさっと蒸せば、いつでも使えて便利です。

応用編③　残ったサラダの活用術

Recipes
10

チャーハン、リゾット、
パイ、チヂミ、スープ……
つぶつぶサラダが2度楽しめる
ごちそうレシピ

つぶつぶサラダで作るチャーハンは
シャッキリして不思議においしい

つぶつぶサラダチャーハン

材料（1人分）
ちぎりレタスとキュウリのアマランサスサラダ(P26)……80ｇ
もちキビごはん＊（または好みの雑穀ごはん）……180ｇ
植物油……小さじ1
しょう油……小さじ1/2

作り方
1　フライパンに油を熱し、もちキビごはん（または好みの雑穀ごはん）を炒める。
2　1にちぎりレタスとキュウリのアマランサスサラダを加えてさっと混ぜ、しょう油を鍋肌からまわし入れて、さらに炒める。

＊ **もちキビごはん**

材料
もちキビ……1合
白米……2合
自然塩……小さじ1弱
水……2と1/2合の目盛り分

作り方
白米、もちキビ、塩を炊飯器に入れ、2と1/2合の目盛りまで水を入れて炊く。

時間がたってクタッとしてしまったサラダも
リゾットにすればよみがえる

つぶつぶサラダリゾット

材料（1人分）
レンコンと大根と黒豆のもちキビ梅酢ドレッシングサラダ(P17)……1/3量
もちキビごはん(P78)……180g
ミョウガの梅酢漬け(P76)……適量
水……1カップ
自然塩……小さじ1/3

作り方
1 鍋にレンコンと大根と黒豆のもちキビ梅酢ドレッシングサラダ、もちキビごはん、分量の水、塩を入れ、フタをして火にかける。
2 1がグツグツと沸騰してきたら、中弱火にして、ときどきかき混ぜながら5分煮る。
3 器に2を盛り、刻んだミョウガの梅酢漬けを飾る。

パイ生地と中でふんわり蒸されたサラダがハモって感動のおいしさに

つぶつぶサラダパイ3種

大根サラダの揚げパイ

材料（4個分）
ニンジン花チップスが映えるキヌアドレッシングサラダ(P54)……100g
ヒエ粉……20g
小麦粉……80g
自然塩……小さじ1/3
菜種油……大さじ1
水……大さじ3
揚げ油(植物油)……適量

作り方
1 ボウルにヒエ粉、小麦粉、塩を合わせてふるい、菜種油と分量の水を加えて菜箸で混ぜ、練らないようにしてひとつにまとめる。
2 1のパイ生地を4等分にして、それぞれ麺棒で約14cm角くらいにのばす。ニンジン花チップスが映えるキヌアドレッシングサラダ25gずつをそれぞれに包み入れ、半分に折りたたんで、端をフォークできっちり押さえて、すばやくとめる。このとき、包んだらすぐに揚げられるように、油を熱しておく。
3 180℃に熱した油で、2をきつね色になるまで揚げる。

フルーツサラダの2色焼きパイ

残ったフルーツサラダから想像を超えたおいしいパイができあがって大満足！

材料
[みかん煮スイートポテトと黒米の
  サラダパイ：直径7cmくらいのマドレーヌ型5個分]
みかん煮スイートポテトと黒米のサラダ(P73)
　……100g
ヒエ粉……20g
小麦粉……80g
自然塩……小さじ1/3
菜種油……大さじ2
水……大さじ2

[バナナとレーズンともちアワレモンドレッシングの
  サラダパイ：直径7cmくらいのマドレーヌ型5個分]
バナナとレーズンともちアワレモンドレッシングの
　サラダ(P74)……バナナ15切れ分
ラギ粉……20g
小麦粉……80g
自然塩……小さじ1/3
菜種油……大さじ2
水……大さじ2

作り方
1 ボウルにヒエ粉（ラギ粉）、小麦粉、塩を合わせてふるい、菜種油と分量の水を加えて菜箸で混ぜ、練らないようにしてひとつにまとめる。
2 1のパイ生地を5等分にする。1つの生地を半分に分けて、半分を麺棒で型よりひとまわり大きいくらいの円形（3mmの厚さ）にのばす。油（分量外）を塗った型に入れて、フォークで底に穴をあけ、ヒエ粉入りの生地にはみかん煮スイートポテトと黒米のサラダ20gをのせる。ラギ粉入りの生地にはバナナとレーズンともちアワレモンドレッシングのサラダをバナナ3切れ分包む。
3 2で残しておいた半分の生地を円形にのばして、2のパイ型にかぶせ、フォークで穴をあける。残りそれぞれ4個も同様に作る。
4 180℃のオーブンで15分焼く。

81

多めの油でカリッと焼く韓国風お好み焼きを
サラダで作ってみたら、いける、いける!

つぶつぶサラダチヂミ

材料
ゆでたてインゲンのもちキビレモンドレッシングサラダ(P14)
　……1/4量(インゲン5本分くらい)
小麦粉……50g
自然塩……小さじ1/4
水……1/2カップ
焼き油(植物油)……小さじ2+小さじ1

作り方
1　小麦粉に塩と分量の水を加えて、よく混ぜる。
2　フライパンに油小さじ2を熱して、ゆでたてインゲンのもちキビレモンドレッシングサラダを並べ入れ、その上に1の生地を長方形に流し入れ、フタをして弱火で表面がかわくくらいまで約3分焼く。さらにフライパンに油小さじ1を加え、裏返して2分半、焼き色がつくまで焼く。

つぶつぶドレッシングのサラダで
透き通るスープを楽しむ

つぶつぶサラダスープ

材料
薄切りジャガイモとヒエの和風サラダ(P41)
　……1/3量(100ｇ)
イタリアンパセリ……適量
水……2と1/2カップ
自然塩……小さじ1

作り方
1　鍋に薄切りジャガイモとヒエの和風サラダと分量の水を入れ、火にかける。
2　1が沸騰したら、塩を加えて火を止める。
3　2を器に盛りつけ、ちぎったイタリアンパセリを散らす。

Column 4 ｜ ヘルシー度アップの乾物と豆のトッピング

水で簡単に戻せるカラフルな海藻は、海のミネラルと食物繊維の宝庫。
デトックス効果が期待できるうえ、食感も個性的なので、
サラダ食材として活用すると、目でも舌でも楽しめます。
また、小豆の赤紫、金時豆の濃い赤、黒豆の濃い紫……塩で煮ただけの豆はホックリおいしく、
サラダに入れると見た目もころころかわいくなって、味わいも豊かなサラダになります。

ゆでヒジキ

作り方
ヒジキは水で戻さず、そのまま熱湯で5分ゆでる。ゆであがったら、ヒジキを菜箸などで取り出して、ゆで水は捨てる。長いものはハサミで切る。
＊鍋底に砂などが沈んでいる場合があるので、ゆで汁ごとザルにあげない方がいいです。

ヒジキマリネ

材料
ヒジキ（乾燥）……25ｇ
菜種油……大さじ3
梅酢……大さじ1と1/2
しょう油……小さじ1弱
月桂樹の葉……1枚

作り方
① ヒジキはゆでヒジキにする。
② ①のゆでヒジキの長いものはハサミで切り、熱いうちに菜種油、梅酢、しょう油を合わせたマリネ液に月桂樹の葉とともにつける。
＊菜種油の2割から半分をオリーブ油にかえてもおいしいです。

フノリ&赤トサカノリ

作り方
ボウルにフノリ（赤トサカノリ）を入れ、水を入れたらさっとザルにあげる。このとき、完全に戻っていなくても、フノリ（赤トサカノリ）に残った水分で戻るのでOK。

フノリ

赤トサカノリ

糸寒天

作り方
たっぷりの水に糸寒天を5分つけてザルにあげ、食べやすい大きさに切る。

白キクラゲ

作り方
白キクラゲはたっぷりの水につけて戻し、やわらかくなったら、熱湯で1分ゆで、水にとってザルにあげる。石づきの固い部分を取りのぞき、食べやすい大きさに切る。

> 煮た豆は、
> 煮汁ごと容器に入れて
> 保存します！

小豆煮

材料
小豆……1/2カップ
水……2カップ
自然塩……小さじ1/2

作り方
① 圧力鍋に洗った小豆と分量の水を入れて強火にかける。圧力がかかったら、弱火にして10分炊き、火からおろす。流しでフタに水をかけて急冷し、しっかりと冷めたらおもりをはずし、フタをあける。
② ふたたび①を火にかけ、塩を加えて少し煮て、味をなじませる。

黒豆煮

材料
黒豆……1/2カップ
水……2カップ
自然塩……小さじ1/2

作り方
① 圧力鍋に洗った黒豆と分量の水を入れて強火にかける。圧力がかかったら、弱火にして15分炊き、火からおろして10分蒸らし、おもりをはずしてフタをあける。
② ふたたび①を火にかけ、塩を加えて少し煮て、味をなじませる。

黒大豆煮

材料
黒大豆……1/2カップ
水……2カップ
自然塩……小さじ1/2

作り方
① 圧力鍋に洗った黒大豆と分量の水を入れて強火にかける。圧力がかかったら、弱火にして10分炊き、火からおろして10分蒸らし、おもりをはずしてフタをあける。
② ふたたび①を火にかけ、塩を加えて少し煮て、味をなじませる。

金時豆煮

材料
金時豆……1/2カップ
水……3カップ
自然塩……小さじ1/2

作り方
① 圧力鍋に洗った金時豆と分量の水を入れて強火にかける。圧力がかかったら、弱火にして20分炊き、火からおろして10分蒸らし、おもりをはずしてフタをあける。
② ふたたび①を火にかけ、塩を加えて少し煮て、味をなじませる。
* 豆が固い場合は、おもりをはずしてからやわらかくなるまで弱火で煮るといいでしょう。

● 鍋を使った基本の豆の煮方

鍋に洗った豆1/2カップと塩水（水2と1/2カップ＋塩小さじ1/2）を入れて一晩ひたし、そのままフタをして、強火にかける。煮立ったら、煮汁の表面がポコポコと泡が吹き出るくらいの弱火にして、やわらかくなるまで煮る。煮えたら、そのまま汁にひたして冷ます。

* 大豆類（黒豆）は15～20分、金時豆は20～30分でやわらかくなります。
* 小豆だけは塩水に一晩ひたさずに、そのまま水で煮ます。指でつまんでスッとつぶれるくらいになったら、塩を入れ、さらに少し煮て仕上げます。

おわりに

　初夏から夏にかけて、みずみずしいサラダ野菜がどんどん収穫されます。さっと洗って、つぶつぶドレッシングをかけると、それだけで軽いランチや朝食になるコクとうま味たっぷりのサラダが、手軽にできあがります。

　夏が終わったら、蒸した根菜や芋類、ゆでた青菜、ソテーしたキノコなどを組み合わせたサラダの登場。つぶつぶドレッシングのパワーと調和して、体の芯をホカホカにしてくれるサラダバリエーションが楽しめます。

　サラダというと、トマト、キュウリ、レタス……といった先入観をもたれることが多いですが、そういった狭いイメージを超えて、大地から萌え出るさまざまな野菜たちのおいしいハーモニーをバリエーション豊かに楽しみましょう。海藻や豆、干しシメジなど、保存性の高い食材を加えることで、多様な歯ざわりや舌ざわりが加味されて、変化に富んだ、深いおいしさを楽しむことができます。

　この本のレシピを活用して、ぜひ、野菜や雑穀やいろいろな個性をもった食材たちと遊んでみてください。どんどんイメージがふくらんできて、オリジナルな発想が無限に湧いてくるようになります。

　そして、いつの間にか、腸もスッキリ元気、お肌はツルツル、指の先までホッカホカの体が手に入っていますよ。

大谷ゆみこ

大谷ゆみこ（おおたに・ゆみこ）
暮らしの探検家・食デザイナー

雑穀に「つぶつぶ」という愛称をつけ、体の働きを高めて若返らせるパワーをもつ料理を「つぶつぶグルメ」として提案。食べたいだけ食べてダイエット＆デトックスできるミラクルレシピのファンが急増中。長野と東京で雑穀料理とスイーツが楽しめる「つぶつぶカフェ」を運営。2008年夏、活動ネームを「大谷ゆみこ」から「ゆみこ」に改名。
著書は『未来食』『野菜だけ？』(メタ・ブレーン)、『雑穀グルメ・ダイエット』(サンマーク出版)など多数。
http://www.tsubutsubu.jp

つぶつぶ雑穀サラダ
メインディッシュにもなる簡単ナチュラルレシピ

2009年5月20日　初版発行
2023年8月30日　2刷発行

著 者　　大谷ゆみこ

デザイン　　原圭吾（SCHOOL）、山下祐子
撮影　　　　沼尻淳子
調理協力　　郷田ゆうき、郷田未来、池田義彦、橋本光江、河井美香

発行者　　　光行淳子
発行所　　　株式会社 学陽書房
　　　　　　東京都千代田区飯田橋1-9-3　〒102-0072
　　　　　　営業部　TEL03-3261-1111　FAX03-5211-3300
　　　　　　編集部　TEL03-3261-1112　FAX03-5211-3301
印刷　　　　文唱堂印刷
製本　　　　東京美術紙工

ⒸYumiko Otani 2009. Printed in Japan
ISBN978－4－313－87129－8 C2077

乱丁・落丁本は、送料小社負担にてお取り替えいたします。
定価はカバーに表示してあります。

学陽書房の好評既刊！

つぶつぶ雑穀スープ
野菜+雑穀で作る簡単おいしいナチュラルレシピ

手軽な一鍋クッキングで簡単に作れてしまうつぶつぶ雑穀スープは、自然のうま味と栄養がいっぱい！ 大地のエネルギーにあふれた毎日食べたい大満足のおいしさです。

大谷ゆみこ著

つぶつぶ雑穀甘酒スイーツ
甘さがおいしい驚きの簡単スイーツレシピ

雑穀ご飯から簡単に作れる繊維とミネラルたっぷりの甘酒を使って楽しむNOアルコール、NOシュガーの100％ナチュラルスイーツ。各種和洋菓子やアイスクリームなどまで一挙大公開。

大谷ゆみこ著

つぶつぶ雑穀ごちそうごはん
野菜と雑穀がおいしい！簡単炊き込みごはんと絶品おかず

炊飯器にいつものごはんと雑穀、野菜を入れてスイッチ、ポン！ そのままでメインディッシュになるふっくらおいしい新感覚の炊き込みごはんのレシピ集。残りごはんの活用レシピも収録。

大谷ゆみこ著

つぶつぶ雑穀粉で作るスイーツとパン
砂糖、卵、乳製品なしがおいしい100％ナチュラルレシピ

香ばしい！ しっとりしている！ コクがある！ 雑穀粉があれば、いつものおやつやパンが大変身。体にやさしい、安心の甘さとおいしさで、甘いものへの我慢や不安ともさようなら！

大谷ゆみこ著

つぶつぶ雑穀おかず
毎日食べたい！からだの元気を引き出す簡単おかず

一鍋で3度楽しめる、雑穀それぞれの多彩な個性を生かした創作おかずレシピの決定版。コロッケやオムレツ、ミートボールなど、雑穀と植物性の素材だけなのに感動のおいしさ！

大谷ゆみこ著

つぶつぶ雑穀パスタ
野菜+雑穀のおいしさを味わえる驚きのパスタソース術

簡単で、おいしくて、体の元気を引き出してくれる、つぶつぶ流絶品パスタソースレシピ誕生！ 本格イタリアンから和風、アジアンまで、野菜たっぷりの驚きのレシピが満載です。

大谷ゆみこ著

つぶつぶ雑穀中華
野菜と和素材がベースの体にやさしい絶品中華料理レシピ

高キビを使った麻婆豆腐、もちキビを使ったふわふわあんかけ、ヒエを使ったチリソース……ヘルシーなのにボリューム満点、一度食べたらやめられないおいしさで、家族みんなが大満足！

大谷ゆみこ著

つぶつぶ雑穀お弁当
野菜がたっぷり食べられる毎日のヘルシーレシピ

雑穀から生まれる卵風や挽肉風、白身魚や練りもの風のおかず……おいしくて、栄養もボリュームもたっぷりなのに、体はスッキリ！ まとめ調理で作れる野菜いっぱいのヘルシーレシピ初公開。

大谷ゆみこ著